APRÈS LES TEMPÊTES

Du même auteur

«Alexia dans la nuit», dans *Face à face*, collectif, Éditions Druide, 2022.

Toutes les vies possibles, Libre Expression, 2021.

Les Chiens, Libre Expression, 2020.

Sauvage, baby, Libre Expression, 2018.

«La faim irrationnelle et hallucinante du coureur et de la bête sauvage qui sommeille en lui», dans *Treize à table*, collectif, Éditions Druide, 2018.

Boxer la nuit, Libre Expression, 2016.

Territoires inconnus, Libre Expression, 2015.

«Errances», dans *Pourquoi cours-tu comme ça?*, collectif, Stanké, 2014.

PATRICE GODIN

APRÈS LES TEMPÊTES

Catalogage avant publication de Bibliothèque et Archives nationales du Québec et Bibliothèque et Archives Canada

Titre : Après les tempêtes / Patrice Godin.
Noms : Godin, Patrice, 1968- auteur.
Identifiants : Canadiana 20230063799 | ISBN 9782764814741
Classification : LCC PS8613.O3428 A67 2023 | CDD C843/.6—dc23

Édition : Johanne Guay
Coordination éditoriale : Justine Paré
Révision et correction : Pascale Jeanpierre et Odile Dallaserra
Couverture : Clémence Beaudoin
Mise en pages : Louise Durocher
Photo de l'auteur : Julien Faugère

Cet ouvrage est une œuvre de fiction ; toute ressemblance avec des personnes ou des faits réels n'est que pure coïncidence.

Remerciements
Nous remercions le Conseil des arts du Canada et la Société de développement des entreprises culturelles du Québec (SODEC) du soutien accordé à notre programme de publication.
Gouvernement du Québec – Programme de crédit d'impôt pour l'édition de livres – gestion SODEC.

Tous droits de traduction et d'adaptation réservés ; toute reproduction d'un extrait quelconque de ce livre par quelque procédé que ce soit, et notamment par photocopie ou microfilm, est strictement interdite sans l'autorisation écrite de l'éditeur.

© Les Éditions Libre Expression, 2024

Les Éditions Libre Expression
Groupe Librex inc.
Une société de Québecor Média
4545, rue Frontenac, 3ᵉ étage
Montréal (Québec) H2H 2R7
Tél. : 514 523-1182
Sans frais : 1 800 361-4806

editions-libreexpression.com

Dépôt légal – Bibliothèque et Archives nationales du Québec et Bibliothèque et Archives Canada, 2024

ISBN (version papier) : 978-2-7648-1474-1
ISBN (version numérique) : 978-2-7648-1611-0

Distribution au Canada
Messageries ADP inc.
2315, rue de la Province
Longueuil (Québec) J4G 1G4
Tél. : 450 640-1234
Sans frais : 1 800 771-3022
www.messageries-adp.com

Diffusion hors Canada
Interforum
Immeuble Paryseine
3, allée de la Seine
F-94854 Ivry-sur-Seine Cedex
Tél. : 33 (0)1 49 59 10 10
www.interforum.fr

*Pour Nathalie, qui, lorsque le vent se lève,
traverse avec moi les tempêtes.*

« Il était arrivé à ce moment de la vie,
variable pour tout homme,
où l'être humain s'abandonne à son démon
ou à son génie,
suit une loi mystérieuse qui lui ordonne
de se détruire ou de se dépasser. »
MARGUERITE YOURCENAR

> « Sans savoir pourquoi
> j'aime ce monde
> où nous venons pour mourir »
> NATSUME SÔSEKI

Il ne sait pas. Il se questionne.

Il ne sait pas si les étoiles, comme l'affirmait sa mère quand il était petit, sont les âmes des gens disparus, des bonnes personnes, celles ayant bien accompli leur existence. Elle avait cet accent irlando-américain lorsqu'elle s'exprimait en français, un accent charmant qui ne la quitterait jamais.

« Les bonnes personnes, disait-elle. Tu vois, Martin ? Ce sont elles qui veillent sur nous, qui nous protègent. *The good people.* »

Elle le disait avec assurance, pourtant un trait d'inquiétude traversait son regard, s'attardait sur son visage, dessinait un demi-sourire un peu triste.

Ce soir, la nuit est douce, fraîche, une brise frissonne sur la peau. Martin a beau observer, inspecter, scruter le ciel dégagé, il n'arrive pas à la voir. Il ne parvient pas à la localiser parmi toutes les constellations.

Est-elle seulement rendue ?

Il reste de longues minutes debout dans le silence et dans l'ombre, bras le long du corps, tête levée, front plissé, circonspect, pieds nus dans l'herbe froide et mouillée. Il chancelle pareil à un boxeur groggy qui tente de survivre aux dernières secondes d'un compte de dix, ses yeux perdus dans la voûte étoilée.

— Où es-tu ? demande-t-il.

Il la cherche, sans la trouver.

« Un jour, Martin, *one day*, nous aussi nous serons parmi les étoiles. *We will be among the stars.* »

C'est ce qu'elle murmurait alors qu'ils étaient assis au pied du grand pin blanc face au lac. Elle le serrait contre elle, contre son corps mince et ferme. Lui parlait-elle, à ce moment, de la mort de manière à peine voilée ? Ou du fait que les étoiles ne leur seraient jamais accessibles de leur vivant ? Peu importait. Il n'avait pas peur dans ses bras. Il n'avait plus peur. Être près d'elle, c'était une accalmie dans les tourments de son enfance. La tête de sa chienne Nelly reposait sur ses cuisses et il la caressait. Parfois, sans raison, les larmes lui venaient aux yeux. Ces instants-là étaient rares, bien vite ils allaient devenir inexistants. Avec le temps, les années, il avait eu l'impression que sa mère avait cessé de le voir, allant presque jusqu'à l'ignorer. Il avait longtemps cru à un sortilège, à un ensorcellement.

Les étoiles.

À présent, il se demande si Eileen n'examinait pas la nuit en pensant à sa propre mère. C'est possible. Elle aussi l'avait perdue. Jeune. D'une autre façon.

Petit, il posait la main sur son cœur, il le sentait battre. Elle en avait un. Qui palpitait à un rythme constant, régulier, métronome de son existence. Ça le rassurait.

Malgré la confusion des sentiments qu'il éprouve à son égard, il ose espérer qu'elle y est, là-haut, ou, si en transit de la vie à la mort, qu'elle s'y rendra bientôt. Pour que son étoile puisse enfin briller avec les autres comme elle le souhaitait tant.

Il l'espère, mais il n'est pas certain d'y croire.

Lorsqu'il apprend le décès de sa mère, Martin O'Connor est dans le studio qu'il a loué à Mount Desert Island dans le Maine. Il s'y est installé pour prendre un recul nécessaire sur sa vie qui fout le camp, sur cette mi-cinquantaine qui le frappe de plein fouet et le trouve paumé, en perte de repères, ne lui donnant d'autre choix que de se regarder franchement en face même si ça lui déplaît. Aussi, et c'était là le plan, y est-il venu pour s'atteler à un nouveau roman, désireux de se relever de ses derniers échecs et, ainsi, de pouvoir tenir le coup encore un peu.

Le studio est niché dans les combles d'une vieille grange retapée dont on a pris soin de conserver la charpente initiale et la majeure partie des boiseries d'origine. L'endroit est calme, tranquille, retiré au bord de la forêt, près d'une route peu passante nommée Norway Drive, un nom qui plaît à Martin sans aucune raison précise, sinon peut-être pour sa sonorité. Il pense que *Norway Drive* ferait un titre intéressant de roman ou de film, un film à la David Lynch peut-être, déjanté, onirique. Il jongle avec ça, la possibilité d'un suspens dans les montagnes, glauque et surréel, il imagine du sang, des pas dans la neige, des flammes qui dansent dans la nuit. Bien sûr, ce ne sont pas les idées qui manquent, plutôt la volonté – ou le courage, c'est selon – de les mener à bon port, de se harnacher solidement au travail et d'avancer sans relâche dans la boue jusqu'à mi-cuisse.

Pour une période encore indéterminée, la grange sera sa maison, son logis, c'est ici qu'il habite à présent, au 18, Norway Drive, Maine, USA. Refusant de se casser la tête, il a pris une entente avec Norah, la propriétaire du domaine, une location ouverte lui permettant de payer à la semaine – avec un avis raisonnable en cas de départ. Il y est bien, presque en paix pour la première fois depuis un sacré bout de temps. Personne ne l'attend nulle part, il n'a rien devant lui, à part ce livre sur lequel il commence tout juste à travailler. Si ça se trouve, il pourrait passer l'hiver entre ces murs, puis même le printemps, pourquoi pas? Il pourrait aisément y vivre. Dès l'aube, le ciel est bleu, dégagé, dès l'aube il se met à écrire.

Ce roman, comme ceux qui l'ont précédé, il n'en a encore qu'une vague idée. Bien qu'une histoire sombre demeure du domaine du possible, il cherche avant toute chose à s'éloigner du drame, du chaos, de la violence qui ont fait sa marque. Pour l'instant, ça lui échappe, ça lui glisse entre les doigts. Il est question d'un écrivain et de Marguerite Yourcenar.

Est-ce un jeune auteur ou un écrivain vieillissant ? Il hésite. L'important n'est pas là. Un écrivain, quel qu'il soit, rencontre Yourcenar, ou alors son fantôme, et c'est une rencontre fortuite, improbable, au bord de l'Atlantique. Il ne peut pas dire si le point de départ est bon ou mauvais, ni même s'il portera ses fruits. Ça lui est venu comme ça. Il est loin de ses territoires habituels, il défriche, il n'en est qu'aux balbutiements, possible qu'il se trompe et que ça le mène dans un cul-de-sac. Ou dans un coupe-gorge. Ce ne serait pas la première fois. Les chemins qu'il emprunte ne sont jamais aussi évidents qu'il voudrait le croire, souvent il les trouve accidentés, remplis d'embûches, parfois insurmontables. Il peut être facile de se fourvoyer en écrivant une histoire, se fourvoyer et se perdre, il sait en tout état de cause de quoi il en retourne. Ce pourrait être une métaphore de sa vie. Si étrange que cela puisse paraître, il tient à Yourcenar, il en a besoin. De longues heures durant, il y a songé, assis dans l'immobilité, les coudes sur les genoux, le menton posé sur ses poings. Il a besoin de Yourcenar pour s'éloigner de la colère et de la noirceur, elle lui est nécessaire pour chasser ce qui le hante. Ce n'est pas une question de vouloir se mesurer à elle, à ce monument de la littérature, il est conscient de ses limites malgré tout, conscient de n'avoir ni son talent, ni sa grandeur, ni son érudition – tant s'en faut. Sa lumière, voilà ce dont il a besoin. La lumière de cette femme, de cette écrivaine immense, comme un phare, un guide, une lueur vers l'ailleurs, là où il n'a jamais mis les pieds. C'est un risque à prendre. Personne ne le considère comme un écrivain subtil. Au contraire. Il est carré, sauvage, plutôt bourru, assez brut, il ne fait pas partie des élégants ou des raffinés, et ça lui convient. En général, on le trouve du côté de Kerouac et de Jim Harrison, à la pêche au gros en compagnie d'Hemingway. Certains ont dit qu'il avait du Cormac McCarthy dans le sang, un soupçon de Russell Banks. Lui estime qu'il relève d'eux tous. Il n'a jamais eu envie de s'enfermer dans un genre ou dans un style, il préfère se perdre dans les grands espaces, souvent de nuit, et tente toujours de retrouver son chemin à tâtons, comme un chien qu'on aurait laissé sur le bas-côté de la route. Bien qu'ayant grandi au Québec, il a déclaré lors d'une entrevue être un écrivain « américain » – il ne s'est pas fait d'amis à ce sujet, surtout à l'ère de Trump et de l'indignation à géométrie variable –, mais la vérité, c'est qu'il est apatride, enfant de nulle part, abandonné à son sort. Il connaît ce sentiment, il y a longtemps qu'il a perdu l'habitude de la douceur. Peut-être est-ce là sa force, d'ailleurs, la seule qu'il ait. L'habitude de l'inconfort, dormir sur le dur. Cela étant, il aime bien apparaître où on ne l'attend pas. Et pour être franc, il sait de manière absolue que personne ne l'espère, assis près de Marguerite Yourcenar, sur une plage de l'Atlantique, les cheveux au vent.

Debout dans le coin cuisine, devant son ordinateur portable, il relit puis peaufine un paragraphe écrit plus tôt au matin, avant de partir en excursion dans les montagnes. Il a passé la majeure partie de la journée dans les sentiers du parc Acadia en compagnie de Jane, une femme rencontrée il y a deux jours au sommet de Cadillac Mountain, dans les minutes précédant le lever du soleil. Une rencontre à la fois étrange et simple, un brin troublante.

Il revient maintenant de courir sur les routes autour de la grange, une dizaine de kilomètres à un rythme régulier, confortable sans être trop lent, sur les chemins vallonnés. La sueur couvre encore son corps, les idées se bousculent sous son crâne, il s'essuie le visage avec le bas de son tee-shirt, la nuit s'apprête à tomber, il corrige en vitesse deux ou trois trucs auxquels il a songé durant son jogging, des trucs qu'il ne veut pas perdre, qui lui sont venus à l'esprit, clairs et vifs, tandis que ses pas foulaient la poussière, le gravier, les touffes de chiendent et les herbes folles en bordure de l'asphalte.

Concentré, il rectifie une phrase, développe une pensée, apporte des détails auxquels il pourra renoncer plus tard s'ils sont superflus. Son iPhone vibre une première fois sur le comptoir en bois stratifié, puis une seconde. Agacé, il y jette un rapide coup d'œil.

Le numéro de téléphone de sa mère s'affiche à l'écran. À l'instant, ce picotement qu'il ressent sur la nuque. Deux ans qu'ils ne se parlent plus, elle et lui. Il n'a aucune envie de répondre, se dit qu'il la rappellera un autre jour. Pourtant, presque sans le réaliser, il prend l'appareil dans sa main, hésite un court instant avant d'appuyer sur la touche et le lève à son oreille.

Ce n'est pas la voix de sa mère qu'il entend, mais celle de Thomas, son mari. Elle est éraillée, brisée, une voix ne portant pas de bonnes nouvelles.

Ce qu'il raconte d'un seul souffle.

Eileen travaillait à son jardin, il élaguait des arbres plus loin sur le terrain. Il était encore tôt en début d'après-midi. Grimpé sur une échelle, il coupait les branches mortes d'un vieux frêne près du stationnement, des branches qui menaçaient de tomber sur la voiture au moindre coup de vent. D'où il était, il voyait bien Eileen. Le fond de l'air était frais près du lac, un peu trop même, le ciel était bas, les nuages s'amoncelaient. Ils se sont souri, elle et lui, chacun de son coin, puis elle est rentrée dans la cuisine pour préparer du thé et se réchauffer. Lorsqu'elle est ressortie par la porte arrière, sa tasse entre les mains, elle a descendu les quatre marches du balcon, traversé l'allée en pierre menant à l'entrée du jardin, et c'est là, à cet endroit précis, à cet instant, que son cœur s'est arrêté. Ses genoux frêles, fragiles, ont ployé sous le poids de son corps, ses doigts ont lâché la tasse, qui est tombée dans l'herbe, le thé fumant s'est renversé. Elle s'est effondrée.

Thomas n'a rien manqué de la scène. Après coup, il dit que ça s'est déroulé comme dans un film, au ralenti, à la jonction du réel et de l'irréel. Il a dévalé l'échelle, s'est précipité vers elle, courant en sa direction, haletant, il priait pour que ce ne soit rien, un simple malaise, une stupide chute de pression, n'importe quoi pourvu que ce ne soit pas grave. Quand il est arrivé à ses côtés, c'était trop tard, malgré les manœuvres de réanimation qu'il a entreprises, il n'a pu la sauver.

Déjà, elle ne respirait plus.

Il dit à Martin qu'Eileen avait le visage tourné vers le ciel et qu'à ce moment un espace s'est créé entre les nuages, un éclat de lumière l'a enveloppée, une invitation pour l'accueillir là-haut.

Elle souriait, semble-t-il.

> « Sous le souffle de l'automne
> une silhouette se dresse
> seule »
> RYÔKAN

Il est dans ce studio et elle, elle est à des centaines de kilomètres de lui.
Elle.
Eileen O'Connor.
Sa mère.
Elle est loin. Elle n'est plus. À cette idée, il sent un léger engourdissement de ses membres. Le plancher semble vouloir se dérober sous ses pieds. Il passe une main sur son visage, dans ses cheveux. Il ne sait quoi dire. La seule chose qui lui vient à l'esprit, c'est: *À quoi a-t-elle pensé au dernier instant?*
Ça paraît absurde, pourtant il ne peut s'enlever ça de la tête.
À quoi pense-t-on lorsque la vie nous échappe et que l'on meurt?
À quoi? À qui?

Il explique à Thomas où il se trouve, dans le Maine.
— Tu comptes venir ? demande Thomas.
—Je ne sais pas, répond Martin.
Le silence tombe, lourd.

Ce n'est pas l'éloignement, la distance, les quelques heures de route, six, sept au plus, qui le font hésiter, mais Martin n'est pas certain d'avoir envie de revenir, de rentrer à la maison.

Bien sûr, Thomas n'est pas sans connaître la relation tendue, difficile, qui existait entre le fils et la mère, les non-dits, les reproches demeurés en suspens, les blessures d'hier qui n'ont jamais complètement cicatrisé. Toutefois, cette situation l'attriste. Que peut-il y faire ?

— C'est à toi de voir, Martin, dit-il, la voix rauque, la respiration rendue sifflante par un trop-plein d'émotion.

Martin hoche la tête. « Ouais. C'est à moi, ça m'appartient », pense-t-il. Il dit qu'il va rappeler, coupe la communication.

Il ne peut pas encore décider s'il reviendra vers Eileen pour la dernière fois. Pour un ultime adieu. À quoi cela servirait-il ? Il se le demande. Ils ont tout raté ensemble. Leur histoire commune n'a rien de joli, d'agréable. C'est une histoire bâtarde, déglinguée. Il pense à eux, il imagine les volets d'une vieille baraque qui claquent au vent. Il n'est pas devenu le fils qu'une mère aurait aimé avoir, malgré les succès littéraires, malgré la reconnaissance. Il est demeuré trop sauvage, il est resté trop marqué. Et elle... Eileen a fait ce qu'elle pouvait, il en est conscient à présent, avec le recul. Chacun à sa façon, ils ont pris les moyens nécessaires pour survivre. Était-ce suffisant ? Probablement pas, non. Ils ont quand même réussi à s'en sortir. L'un et l'autre, mais séparés. Abîmés, certes, mais vivants. Par contre, le prix à payer était élevé : l'amour qu'ils éprouvaient l'un pour l'autre avait été malmené, il s'était distendu, presque au point de rupture.

Un amour pétrifié dans la douleur et l'abandon.

Il est difficile pour Martin de savoir ce qu'il éprouve en réalité.

Il murmure :

— Surprise par ton cœur qui lâche, peut-être as-tu cligné des yeux. Peut-être as-tu entendu, perçu le roulement délicat des vagues sur la plage en contrebas du terrain, là où j'aimais jouer, enfant, avec Nelly. Tu te rappelles ? De la cuisine, tu me surveillais, tu m'entendais rire. Je crois que tu souriais… Quand Richard n'était pas là, nous étions heureux, pas vrai ? Dis-moi… Peut-être as-tu senti le bruissement, le craquement des feuilles sous tes pas alors que tes forces te quittaient. Est-ce vrai que l'on voit nos jours défiler devant nos yeux ? As-tu eu des regrets ? As-tu réalisé que tu mourais aux portes de ton jardin, ce que tu appelais ton paradis, ce que tu considérais comme étant ton refuge, ton havre de paix ? As-tu pensé à moi ?

Le jardin qu'Eileen avait créé au fil des années était plus qu'un simple carré de fleurs ou un potager. C'était un dédale, un labyrinthe foisonnant d'arbres et d'arbustes, où fleurissaient, selon les saisons, lilas, pommetiers, cerisiers, plantes et fleurs sauvages de toutes sortes. C'était l'œuvre de sa vie, un temple, un hymne à la beauté, à la flamboyance de la nature, à l'éphémère aussi. « Rien ne dure », disait-elle. Pour Eileen, rien d'autre en dehors de son jardin ne semblait avoir d'importance. Ce chaos de la nature, elle le cultivait, elle l'organisait avec une passion folle, extravagante, à un point tel qu'elle en oubliait le reste. Et c'était peut-être justement pour ça qu'elle l'avait conçu, pour oublier. Ses chagrins, ses blessures. Avec elle, il était difficile de savoir, elle ne parlait pas. Elle gardait ses secrets dans le même tiroir que ses douleurs.

— À quoi as-tu pensé à l'instant même où tes jours se changeaient en une si longue nuit?

La voix de Martin, un murmure, demeure sans réponse, se perd dans le studio silencieux.

Il porte les mains à son visage, se tourne vers les grandes fenêtres qui donnent sur le soir.

— Je ne vais pas te mentir, Eileen. Tu me manques depuis longtemps.

« Cœur
blanchi par la pluie.
carcasse battue par les vents ! »
MATSUO BASHÔ.

Il prend une douche froide, si froide qu'elle lui coupe le souffle. Chaque goutte d'eau qui le frappe est une aiguille lui perçant la peau. Ensuite, il se sèche, enfile une vieille paire de jeans, un tee-shirt. Il descend, sort de la grange, frissonnant, pieds nus dans la nuit. Ce qui frappe, c'est la beauté, la pureté du ciel ce soir. La quantité d'étoiles qu'il peut apercevoir donne le vertige.
  Ou alors est-ce la disparition d'Eileen ?
  C'est à cet instant qu'il la cherche. Sans la trouver.
  Il finit par laisser échapper un rire bref, un peu idiot.
  Cette histoire de bonnes âmes nous surveillant, nous protégeant, ressemble à un chapitre non écrit d'une bible biscornue.
  Il retourne à l'intérieur, grimpe l'escalier qui monte à pic jusqu'à la porte entrouverte. Il allume un feu dans le foyer, se dit qu'il pourrait se soûler comme il l'a fait de si nombreuses fois, cette façon de remplir le gouffre à ras bord jusqu'à en perdre

l'esprit, jusqu'à en perdre la réalité même de son existence. Se soûler pour oublier. Pour s'oublier. Mais non. Il ne va pas sombrer dans cette ancienne habitude. Il s'est assagi, vieillir a en cela du bon. Il se verse un verre de Bushmill, un whisky irlandais de dix ans d'âge, et il s'assoit sur le sofa. Il s'en permet un, un seul, ça reste dans ses cordes, il sait qu'il peut se tenir à ça. Dans la pénombre, les flammes illuminent le studio, dansent en silhouettes sur le plancher, les murs. Le feu craque, le silence est transpercé d'étincelles. Il reste immobile à observer ce que l'on ne peut voir dans la chaleur enveloppante, ondoyante. Il laisse aller et venir les pensées sans s'y attacher. Le verre posé sur ses genoux, entre ses mains, il se concentre sur sa respiration, il sent son cœur battre dans sa poitrine, lent, régulier, calme et fort, et après un moment dont il est difficile d'évaluer la durée, il pense au cœur d'Eileen qui s'est arrêté.

— Bon Dieu, maman, que reste-t-il de nous ?

À nouveau, le murmure de sa voix demeure sans écho.

Bien qu'il déteste les vidéoconférences et FaceTime, c'est ce qu'il utilise pour contacter Élisabeth et Jules.

Cinq ans après leur séparation, les choses se sont placées entre Élisabeth et lui. La tempête, peut-on dire, est passée, ils sont parvenus à se réconcilier, peuvent considérer être redevenus amis, ce qui est sans aucun doute pour le bien de tous. Pour Martin, Élisabeth demeure la femme de sa vie, celle qu'il a aimée du plus profond de son être, un amour gâché en grande partie par sa propre faute, par ses fuites constantes, son sentiment d'abandon pareil à un cancer, sa propension à l'autodestruction. Les voyant apparaître sur l'écran du portable – Francis, le copain de Jules, est présent lui aussi –, Martin sourit, ou du moins, s'essaie à une tentative de sourire qui s'avère lamentable. Personne n'est dupe. Il est évident que quelque chose va de travers, son regard est fuyant, ses yeux se promènent en tous sens, cherchent à masquer l'évidence. Sans détour, Élisabeth demande ce qui ne va pas. Il ne perd pas de temps, ne se défile pas, il répond d'une manière abrupte qu'Eileen est décédée dans l'après-midi. Leurs visages jusqu'alors insouciants se figent. Élisabeth porte une main à sa bouche. Jules lance : « Oh non ! Papa ! » Martin hoche la tête, ne sait quoi ajouter, hausse les épaules, dit bêtement : « Je suis désolé. » Sans être proche d'elle, Jules aimait beaucoup sa grand-mère. Durant une période de calme relatif, de paix entre Martin et Eileen, une période presque normale ressemblant à celle d'une famille heureuse alors que Jules était petit, ils avaient passé certaines de leurs vacances d'été en sa compagnie, dans la maison au bord du lac. Ils se parlaient aussi à l'occasion au téléphone. Martin voit Francis glisser un bras autour des épaules de son fils, il le serre contre lui, et ce geste, à cet instant, le réchauffe, le rassure, sachant que Jules n'est pas seul, qu'à dix-neuf ans il est bien entouré par sa mère, par son amoureux, il n'est pas comme lui à son âge, une âme perdue, un jeune chien fou, solitaire et furieux, blessé jusqu'à l'os. Mais ce geste lui rappelle aussi sa dernière empoignade avec Eileen, un commentaire concernant l'homosexualité de son petit-fils, commentaire qui avait eu le malheur de faire exploser Martin. Leur discussion avait digressé, les avait entraînés dans une tornade de reproches. « Jamais je n'aurais accepté une telle chose de toi », avait-elle lancé. Ils étaient installés à table après le repas du soir, Martin était passé les visiter par surprise, elle et

Thomas, et lorsqu'il leur avait appris que Jules avait effectué son *coming out*, elle avait lancé cette phrase stupide s'il en est une avec une parfaite innocence. Thomas avait même baissé les yeux, saisi par les propos d'Eileen. Martin avait tenté de se contenir, mais c'était plus fort que lui, il avait rugi. Ça s'était envenimé jusqu'à ce qu'il mette un terme à ce cirque absurde en quittant la pièce sans un seul regard derrière lui. L'air de ne pas y toucher, Eileen, elle, s'était levée pour débarrasser la table. Rien ne venait de se produire, elle s'était renfermée dans son armure de silence. Cela remontait à plus de deux ans et ils ne s'étaient pas reparlé. Jules et Élisabeth n'avaient pas été mis au courant de cette altercation. Il était d'ailleurs hors de question que Martin leur en dise quoi que ce soit, ni maintenant ni jamais. Ces déchirures, ces colères lui appartiennent.

— Qu'est-ce que tu comptes faire ? demande Élisabeth.

— Je n'en sais rien, répond Martin. Je vais voir avec Thomas, ce qu'il souhaite, c'est à lui de décider, pas à moi.

— Tu vas revenir ?

Martin esquive la question. Il ne parvient toujours pas à se faire une opinion. Ils échangent encore quelques mots, des banalités pour ne pas songer à la mort, puis ils mettent un terme à la conversation, se promettant de se garder au courant des développements.

Seul à nouveau, envahi par un sentiment de vide, Martin fait les cent pas dans le studio, ne sachant où se poser, il pense même retourner courir dans la nuit pour chasser cette lourdeur de son corps, de ses muscles. Au lieu de ça, l'idée lui traverse l'esprit et, sans y réfléchir, il écrit un message texte à Jane, cette femme rencontrée sur Cadillac Mountain, l'invitant à venir le rejoindre.

Les gens viennent voir le jour se lever au sommet de Cadillac Mountain. L'endroit surplombe le parc Acadia et donne sur le golfe du Maine ainsi que sur l'océan Atlantique. À 466 mètres, c'est le plus haut sommet des Monts Déserts. En automne et en hiver, ce serait, paraît-il, le premier point des États-Unis à être éclairé par le soleil du matin. C'est ce que Martin a lu dans un dépliant touristique. Pour la plupart, les visiteurs demandent un permis d'accès et de stationnement pour se rendre en voiture et admirer le spectacle, ce qu'il considère comme absurde, mais en quoi cela le concerne-t-il ? Chacun est libre de choisir son chemin, lui préfère s'y rendre à pied.

    Deux jours avant le décès d'Eileen, il emprunte donc la North Ridge Trail vers cinq heures et remonte le sentier avec un léger sac à dos. Il met moins d'une heure pour parvenir à destination, une ascension somme toute facile, peu essoufflante, idéale pour réveiller son corps et rafraîchir son esprit dans une parfaite solitude. Déjà, alors qu'il gravit à un rythme soutenu la pente rocailleuse, les premières lueurs du jour s'entremêlent au bleu de la nuit.

En parallèle, cette femme, Jane, qui a installé sa fourgonnette et son camp de base au Blackwoods Campground, a pris la South Ridge Trail opposée et, au milieu du flot de touristes et de visiteurs réunis en petits groupes, ils se retrouvent par pur hasard en retrait, côte à côte, près d'une dalle de pierre faisant saillie, sorte de banc naturel formé dans le granite.

De son sac à dos, Martin sort un brûleur ultra-léger, une mini-bonbonne de carburant et le matériel nécessaire à la préparation d'un café. Jane le regarde sans un mot, affichant un demi-sourire amusé. Martin sourit aussi en s'affairant, l'air est vif, craquant. Leurs vêtements sont couverts d'une fine couche de givre due à la sueur et à l'effort de leurs ascensions respectives. Ils ne parlent pas et c'est peut-être cette présence silencieuse, néanmoins agréable, qui éveille leur intérêt réciproque, la reconnaissance qu'ils auront l'un de l'autre dans les jours à venir.

Le café infusé et prêt, Martin offre une tasse à cette inconnue assise à ses côtés.

— Tu en veux ?

Cette fois, c'est un sourire complet qui illumine le visage de Jane, chacun de ses traits – les petites rides au coin de ses yeux verts et brillants, sa peau hâlée par de nombreuses heures au grand air et au vent, au soleil, les taches de rousseur qui couvrent ses joues. Il y a chez elle, Martin le remarque dès lors, une beauté délicate, bouleversante, une beauté grave et unique, un brin farouche. Ce n'est pas une beauté frappante, c'est une beauté qui touche. Ses cheveux, entre le blond et le roux, où s'entrelacent de longues mèches semblables à des fils d'argent, captent la subtilité des premiers éclats du jour.

— *Thank you, thank you so much.* Merci !

Elle prend la tasse, la porte à ses lèvres, boit une première gorgée en fermant les yeux.

— *It's so good!*

Martin est conscient que ce n'est qu'un café de brousse, un breuvage chaud n'ayant rien à voir avec un véritable espresso italien, mais pour un truc préparé en moins de cinq minutes en haut d'une montagne, ce n'est effectivement pas si mal.

Elle se présente à lui, lui à elle.

Jane.

Alors qu'ils sont là, à proximité, il réalise qu'il ne peut s'empêcher de l'observer, et bien vite il s'oblige à détourner le regard vers l'horizon, vers le levant. Les gens autour – des groupes de trois ou quatre, amis et familles réunis – se sont rapprochés, discutent à voix basse, échangent des salutations, rient. Jane et Martin gardent le silence, conscients de sa préciosité, sentant, de manière étrange, confuse, naître quelque chose entre eux, quelque chose de fragile et de ténu, difficilement identifiable, mais qu'ils ne désirent rompre d'aucune façon. Ils boivent leur café, concentrés sur la magnificence du paysage, du spectacle qui s'offre à eux, le soleil paraissant émerger de l'océan, spectacle dont la répétition inlassable se poursuit depuis des millions d'années et se poursuivra encore et toujours jusqu'à la fin des temps et pour l'éternité.

— *We are all and then, we are nothing*, souffle Jane.

Nous sommes tout et, ensuite, nous ne sommes rien.

Ce sont des mots qu'elle prononce tout bas, plus à son intention qu'à celle de Martin. N'empêche, il ne peut qu'être d'accord. Ce « tout » et ce « rien » qui nous englobent et dont nous faisons partie, la beauté et l'absurdité du monde, ce qui vaut et ne vaut pas la peine, ce à quoi nous nous accrochons avec vigueur, parfois désespérément, et que nous laissons échapper sans cesse, le vrai, le faux, nos croyances, nos convictions souvent bêtes, parfois méchantes, nos délires et nos déraisons, tout cela…, qu'est-ce ? Car ce dont il s'agit, au fond, ce n'est que de vivre d'un instant à l'autre, pleinement si possible, et d'avoir l'esprit libre.

Martin la regarde à nouveau. Elle a repris son demi-sourire, qui en soi est une forme de mystère. Les yeux clos, elle s'imprègne de la lumière vive et dorée qui caresse son visage, elle semble vouloir en absorber chaque particule, s'en gorger, s'emplir de ce miracle qu'est respirer sur cette planète.

Jane…

Après, d'une manière étrange, ils se séparent sans émettre l'idée de se revoir. Ils se diront plus tard que c'était un risque à prendre et qu'ils ont joué ça sur un coup de dés, car elle autant que lui auraient aimé rester l'un près de l'autre.

Ils se saluent, s'éloignent chacun de son côté, Martin redescendant par un sentier différent, nommé Gorge Path, Jane reprenant sans se presser le chemin par lequel elle est venue.

Ils sont deux êtres, et cela se voit, qui préfèrent en général avancer dans la solitude.

C'est plus tard, en fin de journée, alors qu'il marche sur Maine Street dans Bar Harbor, que Martin la retrouve. Elle est assise à la terrasse du Leary's Landing Irish Pub devant une bière blonde et une assiette de calmars frits. Il passe près d'elle, s'arrête, elle lève les yeux et, surprise, sourit. Il lui demande si la bière est bonne.
 — Tu en veux une ? fait-elle. C'est moi qui l'offre.
 Durant ce court instant où Martin hésite, ne souhaitant pas s'imposer, elle le regarde, penche avec curiosité la tête sur le côté.
 — Alors ?
 Il acquiesce.
 — Avec plaisir.

Pourquoi pense-t-il écrire à Jane alors qu'il vient d'apprendre le décès de sa mère ? Il n'en a aucune idée. Peut-être est-ce justement parce qu'ils ne se connaissent pas et que ça ne prête pas à conséquence. Jane ne sait pas qui est Eileen. Martin n'a pas l'intention de s'épancher à son sujet. Il ne cherche pas une épaule pour pleurer, il y a des années qu'il ne compte plus sur personne pour le consoler, il s'arrange seul par habitude. Il a envie d'être avec elle, voilà tout. Être avec elle, Jane, cette femme ravissante, empreinte de mystère comme la brume ondoyant sur la surface d'un lac. Depuis deux jours, depuis ce matin sur le mont Cadillac et cette fin d'après-midi au pub, ils ont décidé de s'accompagner, de marcher ensemble, d'explorer les sentiers côte à côte, souvent sans paroles, sans gêne, sans attentes. Parfois, ils échangent sur leurs vies, mais par bribes, ne s'engageant pas dans l'intime. Pourtant, ni Jane ni Martin n'évoluent à la surface des choses, ils tentent de fuir le superficiel, d'où l'absence de mots vides, insignifiants, de remplissages inutiles. Ils ont le temps pour eux.

Jane, a-t-il appris, est une nomade. Elle vit dans une fourgonnette qu'elle a elle-même aménagée. Cela fait des années qu'elle se balade ainsi. Elle ne parle pas de sa vie d'avant, sinon qu'elle était physiothérapeute et travaillait dans une clinique renommée près de Denver, au Colorado. Un jour, elle en a eu assez de cette vie, elle a levé le camp. Elle se trimballe maintenant d'un État à un autre à travers les États-Unis, s'arrêtant ici ou là pour une semaine, un mois peut-être, rarement plus. Au gré des saisons et de ses humeurs, elle participe à des courses d'endurance, des ultramarathons, et elle y tire plutôt bien son épingle du jeu, terminant la plupart du temps en tête chez les femmes. Pour Martin, qui court essentiellement pour garder la forme, ces épreuves paraissent excessives, elles relèvent d'un effort surhumain, ce qui fait rire Jane, qui n'en croit rien. « L'esprit est souvent sous-estimé, *you know*. On peut toujours aller plus loin, suffit de le vouloir. » Lors de ces événements, elle déniche parfois de petits boulots, usant de ses connaissances en physiothérapie sportive pour aider les autres athlètes, mais jamais rien cependant qui l'engage à long terme.

— Je fais une des courses et, ensuite, j'aide si possible, dit-elle. Autrement, je me contente de peu. *I don't need much.*

Elle confie qu'elle aime être seule. Elle évite les foules et les grandes villes d'une manière générale, elle a apprivoisé cette façon de vivre, au jour le jour, elle passe beaucoup de temps à méditer, elle ne sait pas où elle ira demain, ni après-demain, et ça lui convient parfaitement. Quand Martin lui demande si elle a une famille, une ombre passe sur son visage, légère et vive, pareille à celle d'un oiseau-mouche. Elle esquive la question, lui demande plutôt ce qu'il fait, lui, d'où il vient. Il hausse les épaules puis effectue un survol rapide, dit qu'il est écrivain, divorcé, qu'il a un fils de dix-neuf ans, et du même souffle il affirme plus ou moins à la blague être un peu paumé, un genre d'âme perdue.

— *I'm kind of a lost soul, you know.*
— *And so am I!* ajoute-t-elle en riant.

À eux deux, ils avancent à un rythme identique, sans compliquer les choses, absorbés par le moment présent, attentifs à leurs foulées, à leurs respirations, emportés par l'immensité du territoire qu'ils traversent, par la grandeur des montagnes. Chaque sommet atteint est une petite victoire en soi, c'est du moins ainsi qu'ils le ressentent, et ils savourent la fraîcheur du vent sur leur peau, la beauté du ciel se reflète dans leurs yeux.

Le message texte envoyé, Martin regrette aussitôt son geste. Il a l'impression que son invitation à souper ressemble à une tentative de drague malhabile. Jane lui plaît, il ne peut le nier, mais il ne voudrait surtout pas qu'elle s'imagine que c'est là son seul et unique intérêt. Ce serait stupide de briser leur lien pour ça. Il espère presque qu'elle ne répondra pas.

Pourtant, il suffit d'une poignée de secondes avant que l'écran de son iPhone s'éclaire : « *Great idea!* Je ne suis pas loin. *I'm coming.* »

Une demi-heure plus tard, elle débarque à la grange, brandissant une bouteille de pinot noir californien achetée en cours de route, affichant son magnifique sourire. Elle porte les vêtements de randonnée qu'elle avait lorsqu'ils se sont laissés en milieu d'après-midi. Elle explique avoir décidé de marcher sur le sentier longeant l'océan, de Sand Beach jusqu'à Otter Point et retour, plutôt que de rentrer directement au camping. Une jolie balade où elle a pris son temps, méditant près d'une heure sur les rochers surplombant la mer, son attention posée sur le grondement régulier, le fracas métronomique des vagues.

Tandis qu'elle ouvre la bouteille de vin, Martin sort des coupes de l'armoire, elle les remplit, ils trinquent et pour la première fois, alors qu'ils sont appuyés au comptoir, ils sentent une gêne l'un face à l'autre, cette nouvelle proximité les met quelque peu mal à l'aise, Jane rougit même, une bouffée délicate lui chauffe les joues. Après un instant de flottement, ils éclatent de rire, chassant du coup le trouble qui les a envahis.

Martin ne lui parle pas d'Eileen, bien sûr. Il n'est d'ailleurs pas certain s'il va lui en glisser un mot. Ce qui compte, c'est qu'elle soit venue, qu'elle soit présente. Pour une fois, il n'a pas envie d'être seul, il n'a pas envie de cette solitude à laquelle il est pourtant habitué, la solitude un peu chiante mais nécessaire de l'écrivain, celle où il cherche dans un abandon presque violent à comprendre le monde et à s'y raccrocher.

À sa demande, Jane lui raconte les courses auxquelles elle a participé. Le Leadville 100, au Colorado, a été sa première vraie longue, cent milles, cent soixante kilomètres à une altitude entre 2800 et 3850 mètres. Elle avoue y avoir souffert terriblement, mais après, elle était accro. Si possible, elle y retourne chaque année. Jusqu'à présent, elle l'a fait cinq fois. Il n'y a pas un État qui lui a échappé. Elle a couru à Hawaï et en Alaska. Des distances variant entre cinquante et trois cents kilomètres. La dernière en date est une course qu'elle a faite en août dans l'État de Washington, la Bigfoot 200, plus de trois cents kilomètres dans la chaîne des monts Cascades, course où elle s'est démarquée, terminant première, ce qui décroche la mâchoire de Martin, littéralement. Jane rit, ses yeux brillent, elle a remporté cette épreuve de dingue, mais elle n'en parle pas tant, elle élude même la question du revers de la main, ce n'est pas cela l'important, elle parle surtout de la beauté des lieux, du paysage, la zone dévastée ceinturant le mont Saint Helens que les coureurs et coureuses ont traversé en plein soleil, cette impression d'être sur une autre planète, à cuire sous la chaleur, et ensuite des montagnes, de grandioses et denses forêts du Nord-Ouest pacifique, forêts qu'elle a parcourues pendant près de trois jours presque sans s'arrêter.

— Tu aimerais, elle dit. *It's so beautiful!*

Martin rigole.

— Honnêtement, je doute de pouvoir courir trois cents kilomètres. Sans blague. Déjà cent soixante, ce serait une sale galère.

— Oh ! bien sûr que tu pourrais. Tu es en forme, ça se voit, on se balade ensemble depuis deux jours, tu tiens le coup, non ? D'ailleurs, c'est dans la tête que ça se passe, ce genre de course. *It's all in the head.*

— Et un peu dans les jambes aussi, non ?

— Oui, un peu, tout de même. Mais comme je te dis, si tu décides d'y arriver, tu y arrives.

Elle lui lance un clin d'œil.

Il la regarde, la trouve splendide. Il aurait envie de le lui dire, mais il se retient. Il émane de Jane une force tranquille, une douceur reposante. Elle semble avoir compris quelque chose qui lui a toujours échappé. Il se dit qu'il pourrait demeurer comme ça pendant des heures, à l'écouter, à la regarder, et vite il doit baisser les yeux pour ne pas paraître trop cinglé devant elle.

Dans le foyer, le feu a diminué, il se lève pour remettre du bois.

Cette fois, c'est son regard à elle qu'il sent posé sur son dos. Il prend le tisonnier pour étendre la braise, y dépose deux nouvelles bûches. À son tour elle l'observe, mais ça ne le dérange pas. De retour au comptoir de la cuisinette, il avale une gorgée de vin. Par la fenêtre, il remarque une traînée d'étoiles dans le ciel entre les branches des arbres, ce qui court-circuite son esprit et le ramène à Eileen. Il se fige un instant, se secoue pour reprendre contenance.

— Je m'attaque au souper, d'accord ?

Jane hoche la tête.

— D'accord. Tu as besoin d'aide ?

— Ça va aller, ce n'est rien de bien compliqué, *don't worry.*

Elle sourit.

— Me permettrais-tu de prendre une douche rapide ?

Martin lui indique la salle de bain d'un geste un peu théâtral.

— Bien sûr que oui, tu fais comme chez toi.

— C'est noté, dit-elle en riant.

Il prépare des spaghettis carbonara tandis que Jane est sous la douche. Il n'aime pas particulièrement cuisiner. Il n'a aucun talent pour ça, enfin, peu d'intérêt pour les trucs trop compliqués, et surtout pas la patience. Il peut passer des heures concentré sur une phrase, la travailler en tous sens, mais suivre une recette, ce n'est pas son truc. Il se débrouille bien, cela dit, mais préfère s'en tenir à ce qu'il maîtrise, les pâtes, les viandes grillées. Plus c'est simple, mieux il se porte. Il découpe un bon morceau de pancetta en cubes, les fait revenir dans un filet d'huile d'olive. Il met l'eau à bouillir, mélange les jaunes d'œufs dans un grand bol avec sel, poivre moulu et parmesan frais, nettoie la salade, prépare une vinaigrette, puis il reste en plan devant la cuisinière à surveiller les pâtes, les mains dans les poches arrière de son jean. Il a un flash d'Eileen. Elle aimait cuisiner. En dehors de son jardin, la cuisine était d'ailleurs l'endroit où elle semblait le plus heureuse. Il secoue la tête. Bon Dieu. Il préférerait ne pas penser à elle, seulement il en est incapable, c'est plus fort que lui, elle est partout présente dans son esprit. Il ferme les yeux, il la revoit du temps de sa jeunesse, bien avant sa propre naissance, comme sur cette photographie qu'il avait maintes fois regardée, enfant. Elle était belle avec ses longs cheveux roux, ses yeux rieurs. Des yeux qu'il avait connus surtout tristes, couverts de nuages, il lui semblait. Qu'elle soit décédée aujourd'hui, cela paraît difficilement concevable. C'est quoi, une vie ? Il se sent perdu, sans repères, la tête dans le brouillard. Il l'imagine à son réveil ce matin, ne se doutant pas que c'est son dernier, que tout ce qu'elle fera à partir de cet instant sera pour la dernière fois. Dans quelques heures, son cœur cessera de battre. Un claquement de doigts et elle va s'éteindre. Personne n'en sait rien. Personne ne peut deviner. Il la voit près de la cafetière, riant avec Thomas. Elle était heureuse avec Tom, elle avait enfin trouvé la paix. Cet homme éclairait le ciel d'Eileen, il l'avait apaisée. Les années avec Richard, sa mort, cela avait laissé des traces, des déchirures. Thomas avait su s'occuper d'elle, l'amener à la guérison. Martin n'était jamais parvenu à le faire. Il n'y était jamais parvenu pour la simple raison qu'il était autant, sinon plus amoché qu'elle. Deux animaux blessés dans la même tanière ne peuvent prendre soin convenablement l'un de l'autre. Martin avait fait ce qu'il fallait pour qu'ils s'en sortent, elle et lui, du moins le croyait-il, et il vivait avec cela, il portait ce fardeau. Ça n'avait pas suffi. Eileen avait eu soixante-quatorze ans en juin. Il avait passé son anniversaire sous silence comme elle l'avait fait avec le sien. Ils avaient essayé de se relever l'un l'autre, de nombreuses fois. Ils avaient échoué. Un mélange d'amour et de haine les habitait, un équilibre de merde, de l'avis de Martin. Maintenant qu'elle était partie, il éprouvait la sensation d'un vide terrifiant. Il avait l'impression d'être un mauvais fils. Mais que pouvait-il y faire ? Il voulait bien en prendre la faute, il refusait de jouer à la victime, il avait une aversion pour les pleurnichards, ceux et celles qui blâmaient sans cesse les circonstances et leur mauvaise fortune, il s'était toujours arrangé pour se tenir debout, peu importe les événements, il encaissait. Cependant, il regrettait de ne pouvoir revenir en arrière et faire la paix. Tout ça leur avait échappé aux deux.

Ça lui coupait le souffle.

Jane trouve les spaghettis carbonara délicieux. Martin ouvre une seconde bouteille de vin qu'il conservait au frais, mais il y va en douceur, il sent déjà qu'il pousse, il ne veut pas basculer dans l'ivresse, il préfère garder l'esprit clair, avoir toute sa tête.

Lorsque Jane lui demande ce qu'il écrit, il répond simplement qu'il écrit des romans, des nouvelles, de la poésie, puis il laisse planer le silence avec un vague sourire. Curieuse, elle prend son téléphone, effectue une recherche Google avec le nom de Martin O'Connor. Elle voit apparaître le lien Wikipédia, puis des images, couvertures et illustrations de ses livres, des liens pour commander en ligne sur Amazon ou dans diverses librairies, des entrevues, des photographies prises à différents événements, lancements, premières de film ou de théâtre. Sur plusieurs d'entre elles, il est au bras de son ex-femme, Élisabeth, d'une beauté fulgurante. Sur une autre, rare exception, il porte Jules sur ses épaules alors que celui-ci a peut-être trois ou quatre ans lors d'un spectacle du Cirque du Soleil. Jane s'attarde sur cette dernière image, le sourire un peu triste, puis elle éteint l'écran de son cellulaire.

— Et tes romans parlent de quoi ? s'enquiert-elle en remplissant leurs verres.

Martin rit en douce. D'une manière générale, il refuse de répondre à cette question. Ça l'embête. Ça l'ennuie. Quand on lui demande ce que racontent ses livres, il hausse invariablement les épaules en détournant le regard. Parfois, pour s'amuser, levant les yeux au ciel, il dit que ses bouquins portent sur la mécanique, sans extrapoler, ce qui laisse souvent les gens sans voix, coupant net la conversation. Qui a envie de discuter de mécanique avec un écrivain au regard fuyant ? Pourtant, il ne ment pas en disant cela, pas tout à fait. Ses livres sont en effet des histoires de mécanique, mais humaine, celle de l'âme, des sentiments et des émotions, qui génère la violence, la peur, la solitude, qui recherche aussi désespérément la lumière et la rédemption.

— Oh, d'un paquet de trucs, dit-il après une légère hésitation. Si tu aimes le genre tourmenté, ça peut être pour toi. Je ne suis pas particulièrement amusant, tu vois. Je refuse de m'enfermer dans un genre ou dans un autre, je préfère explorer différentes avenues, mais je traîne plutôt dans les zones d'ombre, je négocie avec la noirceur, je louvoie dans l'obscurité.

Il lui raconte aussi ce truc concernant la mécanique, cette blague qu'il a l'habitude de faire, mais il s'exprime d'une manière sincère, élaborant sur l'âme et la construction de ses blessures.

— Il y a une raison pourquoi tu parles de cela ? questionne-t-elle.

— Oui. Ça s'appelle l'enfance.

Ces mots lui échappent, il les prononce d'un ton sec. Il regrette aussitôt, se mord les lèvres en secouant la tête.

— *I'm sorry*, dit-il, je voulais pas, je voulais pas être bête...

Elle pose une main sur la sienne, sourit, ils se regardent dans les yeux et rougissent tous deux, cette fois lui autant qu'elle, ce qui n'est pas mal pour des adultes confirmés, un écrivain déglingué de cinquante-cinq ans et une jolie bohème championne de course à pied d'à peine dix ans de moins.

— Peut-être qu'on ne devrait plus aborder ça, qu'est-ce que tu en penses ? propose Jane.

— J'en pense que tu as raison.

Martin se lève pour desservir la table et faire la vaisselle. Jane branche son téléphone sur le haut-parleur Bluetooth, elle met un truc que Martin ne connaît pas, un musicien islandais dont il n'a jamais entendu parler, Ólafur Arnalds, et dont le titre de l'album, *Some Kind of Peace*, lui paraît de circonstance. Jane vient le rejoindre à l'évier, s'appuie au comptoir. La musique est aérienne, fragile, cristalline, elle évoque à la fois force et vulnérabilité.

— C'est magnifique, dit Martin.

— C'est vrai, non ? répond Jane. Je l'écoute tous les soirs avant de me coucher.

Martin s'arrête, il se tourne vers elle, conscient d'approcher un point de bascule.

— Merci d'être venue, ce soir. Je veux dire…, ma mère est décédée aujourd'hui et… Merci d'être là, c'est tout.

— Oh ! je suis désolée…

Jane porte la main au visage de Martin. Cette caresse sur sa joue, douce, inattendue. Ils demeurent un instant sans bouger, leurs regards soudés, le temps en suspension. Est-ce elle ou lui qui initie le mouvement de leurs corps l'un vers l'autre, le pas de plus vers l'avant ? Difficile à dire, peut-être sont-ils simplement synchronisés.

Il se réveille en sursaut au milieu de la nuit. Il ne sait pas à quel moment le temps s'est gâté, mais il pleut à verse à présent, le vent souffle, les branches des arbres frottent sur les murs et le toit de la grange, un bruit sinistre semblable à celui de griffes cherchant à déchirer la tôle. Jane, allongée sous les draps, nue, dort à ses côtés. Il l'observe, sa beauté, sa respiration lente, régulière, calme, ce délicat sourire en permanence sur ses lèvres. Comment fait-elle ? Il est du genre à dormir poings et mâchoires serrés, sous tension, et constater cet abandon au sommeil si pur, si profond, l'émerveille.

Ils ont fait l'amour. Ni elle ni lui ne s'attendaient à ça et c'est arrivé. Une fois, deux fois. Une fièvre, un élan insensé. Un acte intense de survie. Ils ont plongé ensemble sans se poser de question, sans chercher à savoir où cela les mènerait. Libres, en harmonie. Ils ont fait l'amour dans l'emportement, puis dans la quiétude, et ils se sont endormis enlacés, leurs corps lovés au chaud sous les couvertures, épuisés, assouvis, indissociables dans cet instant.

Martin se lève, enfile son jean, descend de la mezzanine sans faire le moindre bruit. Il ajoute de nouvelles bûches au foyer, histoire d'entretenir une chaleur confortable, de chasser l'humidité. Dans le coin cuisine, il ouvre son ordinateur. Le roman en cours s'affiche à l'écran. Il relit les derniers mots, l'envie lui brûle de tout effacer et de recommencer. N'est-ce pas sa façon de faire habituelle ? Sa façon de vivre comme d'écrire dans une sorte de fuite ? Bien sûr. Tout foutre en l'air, repartir à zéro encore et encore. *From the ground up.* Le même maudit manège. Il n'a rien produit de valable depuis près de dix ans. Ses derniers romans sont passés sous silence. Les prix littéraires – ceux qu'il a eu la chance de rafler – sont loin derrière. Non que ça compte tant que ça à ses yeux, mais n'empêche, il est hors circuit. Il s'en tire à présent avec des redevances qui s'amenuisent d'année en année. Il ne voit pas ce que ce prochain livre va changer. Il n'y croit plus. Cette perte de confiance, jamais il n'a vécu ça. Pas de cette façon, du moins. Un passage à vide devenu une longue traversée du désert quasi terrifiante. Cette impression d'avancer vers les confins d'une falaise, sans possibilité de retour en arrière. Avant, il s'accrochait, il avait l'habitude du combat. Aujourd'hui... Son divorce lui a laissé un goût amer. Il n'en veut pas à Élisabeth, d'aucune façon.

C'est de sa faute uniquement s'il a raté ça aussi, s'il a gâché le bien-être de sa famille. « Tu n'as jamais su être à la hauteur, pas vrai ? murmure-t-il. Tu le croyais, mais non, tu ne seras jamais qu'un foutu mésadapté. »

Le constat qu'il fait de sa vie est celui d'un échec. Il a toujours accepté les choses telles qu'elles étaient, mais là, ça lui vrille l'estomac, ça fait mal jusque dans ses os. Il grince des dents. Il doit secouer la tête pour chasser cette saloperie de sensation, repousser les idées marécageuses qui stagnent dans son esprit.

Cependant, le mauvais goût demeure, une sorte d'acidité métallique.

Il lit à nouveau le passage. L'écrivain marche sur la plage, il n'est ni jeune ni vieux, il croise cette dame emplie de quiétude. Yourcenar. Peut-être n'est-ce que son fantôme. Il ne sait pas encore. Cette illusion est plaisante, ce croisement entre le réel et l'irréel. Les deux personnages s'observent, jeu de miroirs entre eux – il est elle, elle est lui – sous une fine bruine, le brouillard les couvre, s'étend vers le large…

À la réflexion, ce qu'il a écrit n'est pas si mal, mais il ne se leurre pas, ce n'est qu'un paragraphe, une introduction d'une quinzaine de lignes, pour ainsi dire rien dans le vaste ensemble d'un roman. Il a lu un paquet de livres pourris qui comptaient çà et là, presque par accident, quelques éclats de pureté, le scintillement d'un diamant. Le plus difficile, ce n'est pas ça, le plus difficile c'est de tenir le coup sur la distance, c'est d'avoir du souffle jusqu'à la toute fin.

En a-t-il encore, de ce souffle ?

Il baisse la tête.

Il se sent soudain épuisé, à bout de forces.

Il referme l'ordinateur. Le feu crépite, s'emporte, le vent ne démord pas. Plus aucune étoile dans la nuit, que des ombres.

L'ombre d'Eileen.

Celle de Richard qu'il associe au vautour.

Un cri. Un hurlement.

S'impose la vision d'un petit animal blessé fuyant les attaques d'un prédateur.

Ces frayeurs, même si elles n'existent pas, même si elles n'existent plus, hantent l'âme sans avertissement.

Un spasme musculaire le surprend. Son rythme cardiaque augmente. Il cligne des yeux, retient son souffle une dizaine de secondes. Il calme sa respiration. Il ne sent pas la peur, c'est plutôt une peine profonde qui l'envahit, le sentiment d'un gâchis terrible.

Eileen.

Ce qu'il voit danser dans les flammes.

Le passé.

Les souvenirs, étranges vagabonds.

Dehors, le vent.
La pluie s'arrête enfin.
La nuit s'achève.
Assis sur la table basse devant le foyer, Martin regarde les flammes s'élever en sarabande, aspirées par la cheminée.
Il est immobile. Hypnotisé par le feu.
Le plancher craque derrière lui. Il l'entend mais ne se retourne pas. Jane se glisse dans son dos, l'enlace. Sa peau nue contre la sienne.
— Tu n'arrives pas à dormir ?
Il secoue la tête.
— Je n'ai plus sommeil...
— Ta mère, c'est ça ?
— Oui et non. J'essaie, j'essaie juste de faire le vide.
— *I know what you mean.* Je comprends. J'ai aussi perdu des gens que j'aimais, je sais ce que c'est. Faire le vide, *I can relate to that.*
— Il y a longtemps ?

Il sent les muscles de Jane se tendre une fraction de seconde. Un mouvement nerveux, subtil, traverse son corps.

— Quelques années, dit-elle tout bas.

Dans le silence, le feu frémit.

Martin hoche la tête. Le silence, lourd sur leurs épaules l'espace d'un court instant. Jane ne veut pas parler, il le sent bien, elle ne désire pas s'aventurer plus loin dans cette conversation, aussi il n'insiste pas.

Elle pose les lèvres au creux de son cou. Il sent la fraîcheur délicate de sa bouche sur sa peau.

Un baume.

Entre eux, rien qui ne presse. Simplement ce qui bat.

Dès les premières lueurs de l'aube, ils partent pour Northeast Harbor. Martin ne sait pas encore ce qu'il fera, il n'a pas décidé s'il restera ici ou s'il retournera pour la dernière fois vers Eileen.

Dans ce village se trouve Petite Plaisance, où ont habité Marguerite Yourcenar et Grace Frick, sa compagne, dès 1950. C'est une belle maison blanche, parfaitement entretenue, dont le terrain s'étend de chaque côté et en profondeur vers l'arrière, avec de vieux arbres, des arbustes, une maison qui rappelle à Martin celle où il a grandi. C'est un choc, d'ailleurs, lorsqu'il se stationne devant. Les reflets étranges de sa mémoire. Images se juxtaposant, presque identiques. Il sent ses mains devenir moites sur le volant, lâche malgré lui une longue expiration.

— *You're okay?* demande Jane.
— *Yeah, it's all right.*

Ils sortent de la voiture, restent tous deux au bord de la rue, devant l'allée qui mène au portique. Martin hésite à aller plus avant. L'endroit paraît vivant, il semble respirer, avoir une existence propre, hors du temps. Il s'en dégage une sorte de sérénité mystérieuse, une sérénité inspirant le respect. Jane, qui ne sait rien de Yourcenar, ressent cela elle aussi, de manière plus diffuse peut-être, instinctive. La vibration des lieux, son empreinte mélancolique. Elle en saisit la force, l'importance. Les feuilles sur l'herbe sont balayées dans leur direction d'un léger coup de vent. À leurs pieds, planté au sol, un écriteau en fer forgé où l'on peut lire : PETITE PLAISANCE.

Grace Frick, la compagne de Yourcenar, est morte d'un cancer en 1979. Marguerite elle-même est disparue en 1987. En 1979, Martin vivait dans la peur. En 1987, à dix-neuf ans, il bossait déjà comme un forcené, noircissant des carnets, frappant frénétiquement sur les touches d'une vieille machine à écrire, semblable à un soldat fou tirant de la mitraillette vers le ciel, il jetait les bases d'un premier roman qui le propulserait bientôt à l'avant-scène du milieu littéraire. Il passait des nuits blanches à se vider de son sang.

Maintenant, pense-t-il, il n'a plus cela en lui, cette urgence, cette fougue. Cette folie. Ce feu… Seul le tissu cicatriciel de ses douleurs et de ses blessures demeure.

La maison de Marguerite et Grace a été conservée telle quelle, protégée, à l'abri du temps. Martin s'était renseigné, il avait téléphoné, envoyé des courriels pour pouvoir la visiter, mais aucune démarche n'avait abouti, on ne pouvait rien y faire, octobre étant hors saison. Même en expliquant le but de sa visite, il n'avait pas eu de passe-droit. Mais peu importe. Être là au petit matin, devant la maison dont la blancheur est dorée par les premiers rayons du soleil, Jane à ses côtés, cela lui suffit.

Il parle de Yourcenar à Jane, qui elle était, son importance dans la littérature – première femme à être élue à l'Académie française –, ce qu'il connaît de sa vie – pas grand-chose, en fait –, son enfance un peu en solitaire auprès de son père – sa mère étant décédée peu après sa naissance –, les voyages qu'elle fait en sa compagnie, la littérature au centre de sa vie, sa curiosité, sa formidable érudition.

— Tu vois, mon intérêt pour elle est assez récent. Je dirais même qu'il est étrange, un peu flouté, presque improbable.

— Pourquoi ?

Martin hausse les épaules, enfonce les mains dans ses poches.

— On ne vient pas du même monde, nos univers n'ont rien en commun. Pourtant, on dirait qu'elle m'appelle à elle, comme un papillon de nuit est attiré par la lumière d'un lampadaire. Elle touche au magique, au mystique, à l'insondable. Je suis, disons, plus terre à terre, plus brut. Elle tend vers la clarté, alors que j'ai tendance à m'enfermer dans l'obscurité. Quelque chose me parle chez elle.

Sa force ? Sa puissance littéraire ? C'est possible. J'entends sa voix... C'est peut-être stupide, ce que je dis. Quoi qu'il en soit, je ressens une affinité que je ne parviens pas encore à comprendre, à totalement discerner. Ça arrive parfois. J'ai lu un de ses romans il y a longtemps, il m'avait marqué, et malgré ça je n'ai jamais approfondi son œuvre, je ne suis pas parti à sa découverte. J'imagine que je n'étais tout simplement pas prêt.

Disant cela, il se demande s'il est mieux préparé aujourd'hui. Si cette rencontre avec Yourcenar se fera vraiment, si ce roman auquel il travaille, auquel il songe surtout, s'écrira. Il ne sait plus depuis cette nuit. Il a l'impression d'errer, de s'être enfoncé en territoire inconnu, d'avoir perdu la main.

Le décès d'Eileen n'aide en rien.

Martin lève la tête vers les fenêtres à l'étage. Il avait volé un exemplaire des *Mémoires d'Hadrien* dans une librairie du Vieux-Québec. Il se préparait à prendre la route en direction de Montréal, sans idée de retour – de là, il pousserait ensuite jusqu'à Vancouver où il passerait six, sept mois à vivoter, notant dans ses carnets les premiers jets de ses récits d'errance –, et il avait fauché ce livre en format de poche question de se désennuyer durant le voyage. Pourquoi celui-là plutôt qu'un autre, il ne se souvient pas. Pourquoi l'avoir volé alors qu'il avait de l'argent pour payer ? Une impulsion. Il avait dix-huit ans, il fuyait son passé sans savoir ce qui l'attendait, il était chancelant, blessé, il portait un secret qui le ronge encore à ce jour. Surtout, il était en colère, une colère sourde, profonde, il se baladait les poings serrés, il était rapide à la détente, son sang d'Irlandais bouillait dans ses veines s'il prenait un verre de trop, même à jeun il valait mieux le laisser tranquille, sa rage était animale, c'était quand même une chance qu'il n'ait pas fini ses jours en prison.

Il considère que c'est la littérature qui l'a sauvé. Sans elle, il ne serait plus là, il en est persuadé. C'est peut-être ça, le lien avec Yourcenar. C'est elle qui l'avait pris par la main pour l'emmener ailleurs. Il avait dévoré *Mémoires d'Hadrien*. Il s'était mis à écrire avec sérieux peu de temps après. Ça avait été une libération. Il avait fait son éducation littéraire seul, comme le reste, se débrouillant pour s'en sortir du mieux qu'il pouvait. Il avait abandonné Yourcenar pour les Américains, plus proches de ce qu'il était. Des années plus tard, il avait lu *L'Œuvre au noir* et commencé *Quoi ? L'Éternité* sans jamais terminer ce récit. Voilà que dans la dernière ligne droite de sa vie, il revenait vers Marguerite.

D'une fenêtre au deuxième étage, au-dessus de la porte d'entrée, il voit bouger une ombre, une silhouette. D'abord surpris, il réalise que ce n'est qu'une banale illusion d'optique. Mouvements du jour, mouvements de la lumière. Un reflet.

Il sourit. Il n'est pas dupe, ni naïf, toutefois il aime à penser que ce pourrait être elle, Yourcenar, qui l'observe. Qui lui envoie un discret signe de la main.

Une étincelle venue de son âme.

Au même moment, Jane glisse son bras sous le sien. Il y a une intimité si douce dans ce geste qu'elle le surprend. Hier matin encore, il n'aurait pas cru cela possible, entre eux.

Hier matin encore, Eileen traversait les quelques heures qui lui restaient à vivre.

Dans son esprit, tout se télescope. La petite maison blanche de Yourcenar devient la petite maison blanche de son enfance. À la fenêtre apparaît maintenant sa mère. La tristesse de son regard. L'impuissance des derniers instants avant l'éternel adieu.

Le signe, le geste qu'elle exécute.

Cela pourrait aussi bien ressembler à une main tendue qu'à un « Au revoir, à jamais ».

Ils s'épuisent à marcher dans les montagnes jusqu'en fin de journée, puis ils se retrouvent attablés dans un pub, face à l'océan. Ils ont dévoré des fish and chips, ils sont repus, les paupières alourdies par la fatigue, et Martin commande deux nouvelles pintes de Guinness. Jane lui sourit. Il suffit qu'ils se regardent pour comprendre que tout est parfait de cette façon, il n'y a rien à compliquer par des mots, des gestes ou des promesses, seul compte le moment qu'ils partagent à cet instant. Pourtant, après une furtive hésitation, Martin ne peut s'empêcher de lui dire combien il la trouve belle. Jane rougit, baisse les yeux, secoue légèrement la tête, comme si elle ne voulait pas le croire, puis replace une mèche de cheveux derrière son oreille. Un geste que Martin trouve magnifique, sensuel et délicat, terriblement sexy.

Jane laisse échapper un rire bref.

— Je n'ai plus tellement l'habitude de ce genre de compliment, tu sais.

— Je suis sincère. Je te trouve ravissante. Et je le dis, ça ne t'engage à rien, t'inquiète.

Ils rient, Jane pose sa main sur la table, invite Martin à lui donner la sienne.

— Tu comptes faire quoi, pour ta mère ? demande-t-elle. *Are you gonna go back there?*

Martin hésite un instant, puis il dit :

— Je me pose encore la question. Je n'arrive pas à me faire une idée.

— Vous étiez proches ?

À cet instant, Martin tourne les yeux vers l'océan. Il voit les îles au large, les Porcupine Islands de Frenchman Bay. Le ciel est brumeux avant la nuit, des mouettes le sillonnent en raillant.

— C'est compliqué, répond-il en reportant son regard sur Jane.

Elle hoche la tête.

— Je comprends...

Ils terminent leurs bières, perdus dans leurs pensées.

— Et toi ? demande Martin, rompant ainsi le silence qui s'étire. Tu ne m'as pas beaucoup parlé de toi.

— Je sais, dit-elle avec un sourire triste. Peut-être... parce que je ne veux pas t'effrayer ?

Il rit.

— Je ne crois pas que tu arrives à faire ça, non.

Une ombre, à nouveau, sur le visage de Jane, fugace. Elle baisse les yeux, triture nerveusement la serviette de table.

— Il y a longtemps que je me suis sentie bien comme ça avec quelqu'un, chuchote-t-elle. Ça me fait peur. En même temps, je n'ai pas envie que ça s'arrête. Je ne voudrais pas tout gâcher...

De retour au studio, Martin réalise qu'il n'a pas d'autre choix. Il ne peut se défiler, c'est ainsi. Il doit rentrer à la maison, revenir vers sa mère, vers ces lieux de son enfance, une ultime fois. Ne pas amorcer ce pas vers elle, ne pas affronter le passé et ses démons, faire fi de leur histoire, ignorer l'affection et l'amour qu'ils avaient l'un pour l'autre malgré les tourmentes, tout cela ferait de lui non seulement le mauvais fils qu'il croit être, mais aussi un lâche.

Il appelle Thomas pour le prévenir, lui dire qu'il pourra compter sur sa présence, il sera là aux funérailles. Il va partir tôt, le lendemain.

— Merci, Martin, répond Thomas à l'autre bout de la ligne. Eileen sera contente.

Il ne dit pas « serait » mais « sera », comme si elle était toujours là. Comme si elle attendait le retour de Martin. Celui-ci sent un creux dans son estomac, un vertige.

Il descend prévenir Norah de son départ imprévu. La maison de Norah est à moins de deux cents mètres de la grange. La nuit est là, il ne reste que des traînées de nuages rose et orangé s'effilochant dans les dernières lueurs du jour. Norah est une dame d'un certain âge, élégante. Martin lui explique ce qu'il en est au sujet de sa mère. Il doit retourner au Québec pour quelques jours mais il compte revenir dès que possible. Il parle de trois, quatre journées tout au plus. Il propose de payer une semaine en avance, ce que Norah refuse. Elle lui assure qu'il peut partir l'esprit tranquille, le studio est à lui aussi longtemps qu'il le désire, il n'a pas à se casser la tête, elle comprend parfaitement la situation, lui offre ses condoléances.

De retour à la grange, il trouve Jane assise sur le divan, plongée dans *Les Songes et les Sorts*, qu'elle tente de déchiffrer en français, le front plissé. Il s'assied à ses côtés, elle dépose le livre sur ses genoux.

— Je t'accompagne, dit-elle.

Ce n'est pas une question, mais une affirmation franche, directe. Elle ira avec lui. Martin la regarde, légèrement ébahi.

— Tu es sérieuse ?

Jane hoche la tête, dégage une mèche de cheveux de son visage.

— Oui, je suis sérieuse. Je veux juste être avec toi. *For real.*

Ils font l'amour. Plus rien n'a d'importance. La nuit porte le parfum à la fois sauvage et délicat de leurs corps imbriqués, luisants de sueur dans la lueur ambrée, dans l'air brûlant qui émane du foyer. Le salon semble valser au rythme de leurs mouvements. Tout de Jane enveloppe Martin, le consume. Sa présence, ses regards, ses caresses. Avec elle, il a enfin l'impression d'émerger de ses ténèbres, de retrouver la lumière. Elle l'irradie. Il prend son visage entre ses mains, l'embrasse, se demande s'il n'est pas en train de rêver. Leurs gestes sont lents, ce sont les seuls possibles, gestes inévitables, harmonieux, l'essence même de leurs êtres. Ils s'en tiennent à ce qui est précieux, au frémissement de leurs muscles autant que de leurs consciences, ils sont uniques et multiples, ancrés dans la terre, dispersés dans le ciel. Les jambes de Jane enserrent les hanches de Martin, ses bras s'enroulent à son cou, son sexe à lui enfoncé en elle, celui de Jane qui l'absorbe, l'avale, le dévore. Leurs cheveux sont emmêlés, leurs fronts, collés, leurs yeux ne veulent plus se quitter, leurs lèvres s'effleurent, un jeu qui mène aux frontières du supplice, le plaisir monte comme un raz de marée, une force les élève, les propulse, les conduit jusqu'à l'orgasme, leurs gémissements devenant hurlements de loup et de louve, un mélange de rires et de pleurs, d'une joie presque trop violente.

Dans le calme qui suit, tous deux s'étonnent d'être encore capables d'aimer avec autant de passion, d'ardeur, de liberté, avec autant d'abandon.

« Je veux juste être avec toi. *For real.* »

Ces mots de Jane, Martin les fait tourner dans son esprit. Ils résonnent en lui comme un écho. Elle s'est endormie sur le tapis devant le foyer, enroulée dans la couette de lit, sa tête reposant sur la poitrine de Martin. Est-il possible qu'elle ait envie d'être en sa présence et que ce soit suffisant ? Martin ne sait plus ce qu'il vaut. L'a-t-il jamais su ? Cette impression d'avoir tout raté, de n'être jamais allé au bout de nulle part, jamais au bout de lui-même. Comment des femmes comme Élisabeth et maintenant Jane ont-elles pu l'aimer ? Il pense à Eileen. Comment, après la mort de Richard, après le drame, l'enquête, ils se sont retrouvés libres. Libres mais meurtris au point de ne plus pouvoir se supporter. Elle errait sur la plage devant la maison ou dans son jardin et lui, coupable d'avoir voulu la sauver, ne songeait qu'à fuir. Ce qu'il avait fait, finalement. Il avait décidé de partir. Sa vie était ailleurs. Eileen lui avait alors reproché de l'abandonner. Mais qui avait abandonné qui ? Et depuis quand ? Il se souvient à quel point il l'avait détestée à ce moment, réalisant que les dommages entre eux ne pourraient jamais se réparer, que les cicatrices, trop profondes, ne s'effaceraient pas. Elle était sa mère, il était son fils, ils avaient ce lien du sang, mais ça ne suffisait pas, ça ne suffisait plus. Les liens du sang ne voulaient rien dire pour Martin, c'était le lit desséché d'une rivière. Il avait fait ses bagages, le strict nécessaire, ça tenait dans un sac à dos, et il l'avait quittée. Elle lui avait hurlé qu'elle ne voulait plus le voir, plus jamais, et il avait haussé les épaules. Il avait compris depuis longtemps qu'il ne pouvait compter sur personne d'autre que lui-même. Loin d'Eileen, loin de la maison, loin de l'enfance, peut-être parviendrait-il à oublier. À guérir. Deux ou trois ans plus tard, Thomas s'était installé dans la maison voisine, et c'est en sa présence qu'Eileen avait recommencé à vivre. Martin avait décidé de reprendre contact. Ils avaient cru possible de pouvoir renouer le fil de leur relation, de repartir à neuf. S'ils y étaient parvenus, ce n'était que par intermittence. Trop abîmés l'un et l'autre, l'un avec l'autre, il leur était impossible de tenir le coup à long terme. La paix était fragile, bancale. Ça finissait par foirer, toujours. Ils ne pouvaient s'aimer sans s'entredéchirer. C'était ça, leur vie.

À présent, le parfum de Jane monte jusqu'à lui. Elle murmure dans son sommeil, ce sourire délicat sur les lèvres, un trait lumineux pour atténuer les soubresauts de la nuit. Le mystère de cette femme, de cette rencontre, Martin s'en imprègne. Il se rappelle que naissance et mort sont intimement liées et participent d'un même mouvement, d'un même cycle. Une ligne sinueuse qui va néanmoins d'un point à l'autre. Pourtant, il est parfois nécessaire de mourir – de laisser mourir une partie de soi – pour enfin renaître et poursuivre la route. C'est une étrange perspective, mais il la contemple, oui. Mourir, renaître. Laisser les choses prendre leur place. Ne rien précipiter. Avancer. Simplement avancer.

Les phares de la Outback illuminent un instant les murs de la grange. La voiture recule, quitte le stationnement, s'engage sur le chemin de terre, puis sur Norway Drive en direction de Crooked Road. Il fait noir, Martin a peu dormi. Les souvenirs qui se bousculent dans son esprit, mélangés à la crainte, à l'anticipation de ce qui est à venir, l'ont tenu éveillé.

À Ellsworth, ils font un arrêt rapide pour du café puis reprennent la route qui les mènera à la frontière avec le Québec. De là, encore deux cents kilomètres pour arriver jusqu'au lac, jusqu'à la maison.

Jane prend la main de Martin, entrelace ses doigts aux siens.

— Ça va ? demande-t-elle.

Il hoche la tête.

— Ouais. Ça va aller.

Il lui sourit. La vérité, c'est qu'il n'en a aucune idée. Ça le laisse songeur. Bien sûr, c'est ce qu'il souhaite. Que tout aille pour le mieux. Impossible de savoir pourtant ce qu'il en sera.

> « Automne en montagne
> tant d'étoiles
> tant d'ancêtres lointains »
> Nozawa Setsuko

Alors qu'ils roulent, Martin cartographie mentalement l'existence de sa mère, ce qu'il sait d'elle, les fragments de sa vie qui ne lui sont pas étrangers.

Elle est née Eileen Emily O'Connor, le 17 juin 1947, à Quincy au Massachusetts. Comment une jolie Irlandaise à la crinière de feu a-t-elle pu se retrouver si loin de chez elle, déracinée, au bord d'un lac isolé, dans une petite municipalité au nord de la ville de Québec avec son jeune garçon au début des années 1970 ? Cela semble improbable, c'est pourtant la réalité. Il s'agit avant tout d'une histoire ayant mal tourné. Une histoire d'amour, pourrait-on dire, qui était en fait la face cachée d'une histoire de violence.

Eileen est la cadette d'une famille de trois enfants. Son père, John O'Connor, est un homme costaud, imposant. Après avoir travaillé sur les chantiers maritimes de Boston, il devient un promoteur immobilier en vue à Quincy, participant activement au développement économique de la ville. Il a réussi en affaires et, malgré un départ quelque peu chaotique, sans être riche à outrance, la famille appartient à la classe aisée des années 1950. Sa mère, Emily, est une femme ravissante, douce, attentionnée avec ses enfants. Sur les rares photographies que Martin a eu l'occasion de voir, Eileen est sa copie conforme, son sosie, et elle semble toujours collée à ses jambes, accrochée à ses jupes. Une de ces photos en particulier lui revient en mémoire. Un portrait de famille où la petite Eileen regarde sa mère et non l'objectif, comme les autres, son visage souriant, ses yeux remplis d'admiration. Sa sœur, Maureen, est de cinq ans son aînée et son frère, Jake, la précède de vingt-deux mois. Jake et Eileen sont inséparables durant leur enfance. Jake est énergique, frondeur, casse-cou, il entraîne sa petite sœur dans des aventures et des explorations parfois dangereuses, comme cette fois où, pendant les vacances d'été dans une villa au bord de la mer, ils embarquent tous deux dans une vieille chaloupe et dérivent vers le large, incapables de manipuler de manière adéquate les lourdes rames et de revenir sur la terre ferme. Ils sont sauvés par les garde-côtes alors que le vent se lève et que les vagues deviennent de plus en plus menaçantes. De retour sur la terre ferme, ils sont sévèrement réprimandés pour leur témérité.

Contrairement à Jake, Eileen est une enfant timide, influençable, fortement attachée à sa famille. Elle a neuf ans lorsque le drame les frappe. Emily tombe malade. Une pneumonie qui se complique et dégénère. Eileen voudrait rester auprès d'elle et en prendre soin, la veiller, dormir à ses côtés même, mais on l'en empêche. Le soir, elle dit ses prières comme Emily lui a appris à le faire. Elle prie avec ferveur pour une guérison rapide qui ne viendra pas. Au printemps 1956, Emily meurt dans son sommeil. Ce premier deuil transforme Eileen, qui, de l'aveu de Maureen, ne sera plus jamais la même. Elle se referme, ne sourit plus, devient taciturne. Son regard se trouble.

Sa famille, sa base solide, se désagrège.

Un an après le décès de sa femme, John se remarie. Celle qui s'installe à la maison, à la place d'Emily, est tout de suite haïe par les enfants, Eileen en particulier. Maureen, plus âgée, plus raisonnable, essaie de tempérer, de calmer le jeu, mais Eleanor Schmitz est froide, hautaine, détestable. Elle prend d'emblée Eileen en grippe, elle en fait sa souffre-douleur. La jeune fille, cherchant du réconfort auprès de son père, n'y trouve que le vide de son regard, une absence qui la blesse en profondeur. John n'est plus que l'ombre de lui-même, c'est un homme diminué, amoindri, brisé par la mort de sa femme, manipulé par une autre, un homme devenu faible, fuyant dans son travail, se noyant dans l'alcool. Un homme qui court à sa perte.

Le jour se lève, la route est tranquille, vallonnée, bordée de collines et de forêts aux couleurs de feu. Jane a incliné son siège vers l'arrière, elle s'est assoupie. Martin lui jette de rapides coups d'œil, ne quittant le ruban asphalté du regard qu'une seconde ou deux, ne pouvant s'empêcher de la trouver magnifique, empreinte de calme et de sérénité, auréolée d'un mystère qu'il juge agréable. Il devine en elle une force, une assurance face au monde, qu'il ne possède pas toujours. L'état dans lequel il se trouve s'apparente à la survie. C'est le cas depuis des années. Il a grandi dans la peur, dressé comme un chien sauvage, et bien qu'il soit arrivé à s'en extirper, presque par miracle, rien n'a véritablement changé à l'intérieur. Sa confiance en l'humanité est faible, il demeure sur ses gardes, en constante tension. Observant Jane, il réalise avec une certaine perplexité que sans sa compagnie en ce moment il perdrait peut-être pied.

Il songe à Eileen, à ce qu'il connaît de son histoire, ce qu'il a pu glaner ici et là, ses propres souvenirs d'enfance, les conversations occasionnelles qu'il a eues des années plus tard avec Maureen. Elle aussi avait du mal à comprendre sa sœur, ce changement de caractère qui s'était produit au fil des ans. Petite, Eileen était joyeuse, souriante, attentive aux autres. Cette joie de vivre initiale s'était évaporée en chemin. La naissance de Martin, semblait-il, lui avait redonné du rose aux joues. Pourtant, ça n'avait pas duré...

Martin soupire. Cette tristesse qu'il éprouve à propos d'Eileen, ce vide soudain, lié à cette mère qu'il considère pourtant comme perdue depuis si longtemps. Perdue ? Oui. Car bien qu'elle ait été physiquement à ses côtés au cours de ses jeunes années, son absence n'en paraissait que plus grande.

Souvent, Eileen naviguait dans ses jours errante et désarmée.

Peu importe à présent.

Martin avait ressenti l'absence d'Eileen comme un abandon et c'est celui-ci, plus que la violence subie, qui l'a brisé.

L'incompréhension.

Il pense maintenant à leurs vies en parallèle.

Eileen avait elle aussi – à la mort d'Emily – ressenti cet abandon. D'une autre façon, peut-être, mais n'empêche. Alors pourquoi ? Pourquoi l'avait-elle perpétué ? Pourquoi lui avait-elle transmis cette blessure ? Pourquoi au contraire ne s'était-elle pas accrochée à son fils plutôt qu'à l'homme qui régissait leur vie?

Ces questions, Martin le sait, il n'en obtiendra jamais les réponses.

Malgré cela, son esprit travaille, sonde, creuse sa mémoire.

Une nuit, alors qu'il a dix-huit ans, Jake se soûle avec ses copains, une bande de voyous qui fait la pluie et le beau temps dans les rues de Quincy. Ils embarquent dans une vieille Cadillac, partent sur un coup de tête en direction de Cape Cod. Ils sont défoncés, le chauffeur, un garçon nommé Joey, le meilleur ami de Jake, conduit en fou, à fond la caisse, et les autres hurlent comme autant de cinglés dans la voiture. Une bouteille de whisky passe de l'un à l'autre, ils sont six entassés dans la bagnole, cinq garçons, une fille, Joey zigzague entre les voies pour s'amuser, pour effrayer les voitures qu'ils croisent ou dépassent, un jeu débile, mais tout le monde s'exclame, s'excite, en redemande.

Jake est assis à l'avant, au milieu de la banquette. Lorsque son ami perd le contrôle dans une courbe et que la Cadillac entreprend une série de tonneaux, Jake est éjecté. La voiture termine sa course contre un arbre, en un amas de ferraille. Personne ne survit à l'accident.

Après le décès de sa femme, la mort de son fils est le coup de grâce pour John. En deux ans, suicide lent et pathétique, l'alcool aura raison de lui.

À cette époque, Maureen a déjà quitté la maison depuis quelques années. Elle s'est mariée à Stephen, son amour de jeunesse, devenu policier.

Eileen est affectée par la mort de son frère, pourtant elle le cache. Elle demeure froide, distante. Elle prend soin de son père comme elle peut, mais les empoignades avec Eleanor sont fréquentes. Elles se détestent tant que, au matin de ses dix-huit ans, n'en pouvant plus, Eileen s'échappe. Rien ne peut la retenir. Elle s'évade enfin de cette vie qu'elle en est venue à haïr.

1965. Le mouvement hippie prend de l'ampleur, les États-Unis sont en plein bouleversement, l'assassinat de John F. Kennedy en 1963 a été un électrochoc pour la nation. Les temps changent. Les manifestations pour les droits civiques et contre la guerre au Vietnam se multiplient, grandissent. Eileen est jeune, belle, pour la première fois de sa vie elle goûte à une véritable liberté. Elle quitte le Massachusetts pour la Californie, met derrière elle le passé. Elle se retrouve à San Francisco, devient aide-coiffeuse dans un salon du Chinatown. Elle fait la rencontre d'un garçon qui ressemble à Bob Dylan – qu'elle adore – et qui voue un culte au Dean Moriarty de *Sur la route* – le double de Neal Cassady. Son copain l'entraîne à la librairie City Lights, fondée par Lawrence Ferlinghetti. Ce dernier est là, en personne. City Lights, c'est le paradis des poètes beat, Ginsberg, Kerouac, tous les autres. Les a-t-elle croisés, rencontrés ? Elle n'en parle pas. Déjà à cette époque, Kerouac s'est détaché du mouvement beat et des hippies. Eileen fréquente le sosie de Dylan pendant un moment, l'accompagne à de nombreuses lectures de poésie, rencontre des gens bizarres, allumés, intéressants, la plupart sérieusement défoncés. Il est peu probable qu'elle se soit laissé prendre par la frénésie psychédélique de ces années, qu'elle se soit éclatée au LSD ou autre hallucinogène, peu probable, mais pas impossible. Une chose paraît certaine, cependant, elle vit cette période pleinement et en accéléré.

Début 1967, elle quitte San Francisco pour Los Angeles avec une nouvelle bande d'amis. Parmi eux, Billy, cheveux longs, blonds, une allure de *beach boy*. Elle en tombe amoureuse, et le Billy en question semble lui aussi épris de cette flamboyante Irlandaise à la beauté cosmique. Des versions divergentes existent concernant le géniteur de Martin. Selon les humeurs d'Eileen, c'était un bon ou un mauvais garçon, il prenait soin d'elle ou alors il s'en foutait, il était tantôt fidèle, tantôt fier apôtre de l'amour libre, il ne consommait pas ou, au contraire, était constamment pété à n'importe quoi. Quand le jeune Martin se risquait à poser des questions sur son père, voulant en connaître plus au sujet de ses origines, Eileen soufflait le chaud et le froid. La vérité devait se situer quelque part entre les deux pôles, entre le conte de fées et le cauchemar pur et simple.

Certains amis dans la bande rêvent de faire carrière à Hollywood. Eileen, elle, déteste Los Angeles. C'est sans appel. Elle a entendu parler d'une communauté installée à Big Sur, au nord, et elle tente de convaincre Billy de l'accompagner. D'abord il refuse, s'entête, mais à force de revenir à la charge, Eileen semble sur le point de le faire changer d'avis. C'est à ce moment que les migraines commencent. La fatigue et les maux de cœur font leur apparition. Bientôt l'évidence : elle est enceinte. Elle souhaite garder l'enfant, il n'est pas question d'adoption, encore moins d'avortement. Billy prend peur. Dans les jours suivant l'annonce du bébé à venir, il disparaît sans prévenir et personne ne sait où il se trouve.

D'une certaine manière, pense Martin en fixant la route, cela fait pencher la balance du côté du mauvais garçon, ou du lâche incapable d'affronter ses obligations. Peut-être aussi n'est-ce que l'inconscience frivole due à l'époque ?

Ce père, Martin n'en a jamais retrouvé la trace malgré des recherches entreprises au milieu des années 1990. Il avait tenté de trouver des réponses, d'ouvrir le dossier, il avait rempli un carnet de notes dans l'idée d'en tirer un bouquin, il s'était même rendu en Californie. Il n'avait rien déniché de révélateur, trop d'éléments manquaient, et Eileen n'était d'aucun secours, refusant obstinément de revenir en arrière et d'aborder le sujet. Au mieux, il avait écrit une courte nouvelle sur ce père

« manquant », une fiction teintée d'amertume, qui n'avait rien de particulièrement transcendant. Ce n'était pas un rendez-vous manqué qu'il avait eu avec Billy, c'était un non-lieu.

Passé la frontière, il s'arrête dans une station libre-service. Il fait le plein, va aux toilettes et revient avec des cafés, un paquet de noix et de fruits séchés à grignoter. Dans le stationnement, il aperçoit Jane qui regarde un homme avec son enfant de quatre ou cinq ans près des tables à pique-nique. Ils jouent et elle est absorbée par le spectacle de ce père et sa fille, par leurs rires, leur joie, le plaisir contagieux qu'ils dégagent. Martin ralentit le pas, garde une distance. Ils sont encore des étrangers l'un pour l'autre, leurs zones d'ombre bien présentes. Ils avancent ensemble, à pas lents, fragiles.

Quand elle se retourne, elle voit Martin debout près de la voiture. Elle essuie une larme sur sa joue, lui sourit tristement.

Il sourit en retour, ne dit rien.

Ils prennent place, le silence soudain chargé entre eux. C'est Jane qui le rompt.

— Je suis désolée que tu me voies comme ça. Je... je t'expliquerai, promis, mais pas maintenant. D'accord?

— Tu n'as pas de promesse à me faire, Jane. Aucune explication à me donner. Que tu sois là, ça me suffit.

Elle hoche la tête, soupire.

— On y va ? demande-t-elle.

— Ouais, on y va…

Il démarre.

La route est encore longue.

Le temps, variable, oscille entre soleil et nuages.

Les larmes ont séché sur les joues de Jane.

La dernière fois où Martin a pleuré remonte à loin, très loin. Des décennies. Une autre vie, en somme. N'est-ce pas étrange ? À s'endurcir, il arrive que l'on finisse par se dessécher.

Les pensées s'entremêlent dans son esprit.

Tous les romans de Martin contiennent une part de sa vie, de sa vérité. Ce ne sont pas des histoires autobiographiques à proprement parler, mais chacune d'elles surfe sur la mince ligne entre réalité et fiction.

Dans un de ses livres, Martin a écrit l'histoire d'une jeune femme, sosie d'Eileen, se joignant à une communauté d'illuminés dirigée par un leader charismatique et fou, émule de Charles Manson, de « Moïse » Thériault, de David Koresh – la tragédie de Waco, au Texas, était encore récente et l'avait fortement ébranlé. Dans son récit, le personnage du gourou autoproclamé, Wagner, était une représentation amplifiée de Richard, le premier mari d'Eileen, le beau-père de Martin. Wagner était une des nombreuses incarnations du diable. Charmeur, manipulateur, sournois, violent. La chair et les os d'un démon. Cela avait été un roman cathartique pour Martin, une sorte de purification. Il l'avait écrit en trois semaines sans discontinuer, sans y retoucher, d'un seul jet, un seul paragraphe de cent quatre-vingt-douze pages.

C'était elle, c'était lui, c'était eux.

C'était Eileen prisonnière d'une communauté pseudo-hippie, leur vie vue par le prisme d'une descente aux enfers. Martin demeure convaincu que, à une époque et dans des circonstances «favorables», Eileen aurait pu faire partie d'une secte comme celle de Manson.

À la fin, le Wagner en question périssait par les flammes.

C'était Richard.

Brûlé vif.

Un épais nuage au-dessus de l'autoroute obscurcit le paysage, coupe la lumière du jour, balance soudain un crachin glacial.

Martin se frotte les yeux, réalise que ses mains tremblent. Il s'inquiète, ne veut pas que Jane le remarque, mais son visage est tourné vers la fenêtre, elle aussi paraît perdue dans ses pensées.

Richard.

Il n'y pense jamais, mais il est toujours présent, imprimé dans son inconscient, une silhouette en filigrane de son existence. Jamais il n'a pu s'en défaire, s'en éloigner, comme si, justement, un pacte signé avec le diable les avait soudés l'un à l'autre.

Sa mort avait changé peu de choses.

— Richard…, murmure-t-il sans même le réaliser.

— Quoi ? demande Jane en se tournant doucement vers lui.

— Rien. Rien…

Eileen travaille dans un *diner* de Quincy tout en poursuivant des études d'infirmière. Stephen, le mari de Maureen, y vient souvent à l'heure du lunch, accompagné d'autres policiers. L'un d'eux flirte avec Eileen. Elle n'est pas insensible, mais parmi les clients habituels, il y a cet homme avec qui elle discute parfois et qui lui plaît beaucoup. Il est grand, bien bâti, séduisant, il a un rire qui l'enchante. C'est un Canadien, il arrive du Québec, il parle un anglais parfait avec à peine un léger accent. Il est ingénieur. La compagnie qui l'emploie a ses origines et son siège social à Boston. Il vient régulièrement au Massachusetts, passe beaucoup de temps sur la route, travaille sur des projets de développement pour les chantiers maritimes de la côte est. Il se nomme Richard. Bien vite, il invite Eileen à sortir, un soir. Elle accepte. Martin a quatre ans. Ils habitent un petit logement à deux coins de rue de chez Maureen.

De la Californie, seule et enceinte, Eileen est revenue vers sa grande sœur, le seul endroit possible où se réfugier, où faire le point. Sa famille lui manque. Maureen lui manque. Elle et Stephen ont un garçon de trois ans, Robert, et la petite Emma vient de naître. Eileen a besoin de retrouver ses repères. Maureen et Stephen l'accueillent, l'installent dans la chambre d'amis. Les deux sœurs font de longues promenades ensemble, elles vont se recueillir sur les tombes de leur père et de leur mère, sur celle de Jake au cimetière de Mount Wollaston. Elles sont sans nouvelles d'Eleanor, leur belle-mère, qui habite toujours la maison familiale. Elles ne cherchent pas à en avoir non plus. Il y a eu bataille juridique concernant l'héritage, et les filles, ayant pu recevoir leur part, ne veulent plus entendre parler de cette folle.

Martin vient au monde en mai 1968. Les quatre premières années de sa vie, il les passe en majeure partie chez sa tante, en compagnie de son cousin et de sa cousine.

De son côté, Eileen met les bouchées doubles. Elle travaille, étudie, économise ce qu'il faut d'argent et, avec l'aide de Stephen, elle loue un minuscule trois pièces en demi-sous-sol. Ses rares temps libres, elle les consacre tout entiers à son fils. La naissance de Martin semble avoir donné un sens nouveau à sa vie. Être une jeune mère célibataire à l'aube des années 1970 est encore mal vu, mais Eileen garde la tête haute. Elle ne se laisse pas écraser par le poids de la honte que la société, résolument puritaine, voudrait lui imposer. Au contraire. Elle demeure fière, elle aime son enfant plus que tout, elle n'a de comptes à rendre à personne.

Cette Eileen s'est métamorphosée, pense Martin. Elle a changé. Cette Eileen douce et rassurante s'est effacée à un certain moment pour faire place à une autre femme. Fragile, celle-là. Une femme à la confiance perdue, brisée, comme envoûtée, victime d'un mauvais sort.

La mémoire de Martin concernant ces années est imprécise, sélective. Il ne peut se fier à ce qui remonte à la surface, certains éléments lui manquent. Des images reviennent à son esprit, flashs de lumières, de sons, de couleurs, d'odeurs parfois, des sensations qui lui sont agréables en général, mais qui demeurent diffuses. Les réminiscences de sa petite enfance sont des photographies mnémoniques jaunies, délavées par le passage du temps.

Cependant, il est clair qu'il y a un avant et un après Richard.

Il se rappelle la forte impression que lui fait cet homme la première fois qu'il le voit. Il se souvient surtout de sa gentillesse, ce qui est quand même ironique. Et il ne se trompe pas, Richard est vraiment gentil avec lui au début. Il en prend soin, il est attentionné. C'est une façade, naturellement, façade qu'il projettera toujours en présence des autres, de ceux qui gravitent autour de sa personne. Les gens qui ne vivent pas sous son toit ne peuvent savoir quel genre d'homme il est en réalité. Ce qu'il cache sous son masque. Les choses se dévoileront peu à peu, une couche après l'autre, jusqu'à ce qu'il soit impossible de revenir en arrière.

Une passion consume Eileen et Richard. Une folie. Elle ne peut se l'enlever de la tête. Lui fait de nombreux allers-retours entre le Québec et Quincy, parfois pour n'y passer qu'une nuit. Ils s'abreuvent, se soûlent à leurs désirs. Bien vite, il est question de mariage. Bien vite, il est aussi question de quitter Quincy pour entreprendre une nouvelle vie. Ailleurs.

Subtilement, l'histoire d'amour d'Eileen commence à se tordre sur elle-même.

Jane aime le piano. Elle met l'enregistrement de Gabríel Ólafs sur le système Bluetooth de la Subaru, cette musique qu'elle adore. Les sons mélancoliques s'accordent à l'automne, ils emplissent l'habitacle. Elle tient la main de Martin dans la sienne, parfois elle la serre fort entre ses doigts, sans raison apparente, son regard porté au loin, toujours ce léger sourire aux lèvres, une énigme sur laquelle affleure parfois un mince voile de tristesse.

Pour Martin, cette mélancolie lui vrille le cœur. Il est dans un état où la perte intérieure que l'on ressent, le vide sidéral, paraît insurmontable. Plus rien n'a de sens, semble-t-il. Depuis toutes ces années, il s'efforce de tenir le coup. Et voilà qu'il voudrait abandonner. Il regarde Jane, sa présence le rassure. Elle est à son côté, il respire son parfum d'une douceur soyeuse, à peine sucrée, ça ressemble à un petit miracle. Le hasard de leur rencontre en est un, de miracle, une lueur dans sa nuit. La force de leurs ébats, ces battements de vie qui s'accordent, s'emportent, se nourrissent l'un et l'autre. Il est convaincu que sans elle, il n'irait nulle part en ce moment. Elle n'en sait rien, mais elle lui donne le courage de ce retour en arrière. Le courage de faire face. Même écrire lui paraissait être un fardeau depuis quelque temps. Il s'en rend compte. Il n'a plus cette flamme en dedans, le feu du combat. Ses derniers romans ont été des échecs. Martin O'Connor n'est que l'ombre de ce qu'il a été. C'est ce qu'on raconte. C'est ce qu'il se raconte. Passé le mitan de sa vie, après les tempêtes qui l'ont secoué, il se demande : et si ma vie entière était un échec ?

C'est cette question qui le gruge.

Est-ce le temps qui le rattrape ?

Il ne sait plus s'il écrira à nouveau. Ce livre, ce roman sur Yourcenar, il ne croit pas en venir à bout. Ça lui semble vain tout à coup.

Il n'y croit plus.

Il ne croit plus en l'écriture, il ne croit plus en lui. Lui. L'enfant bâtard.

Il pense à Élisabeth dans les premiers temps de leur relation. Elle lui disait combien son regard la bouleversait. Elle y sentait toute la peine et la force du monde.

Le premier roman qu'il a écrit s'ouvre sur cette phrase : « Je n'appartiens à rien ni à personne et je veux qu'on me foute la paix. » L'histoire de ce jeune prostitué dans les rues de Montréal à la fin des années 1980 n'était pas la sienne, mais elle était le reflet de ses violences intérieures, de la rage qu'il possédait, du ravage inhérent à son enfance amochée, dévastée. Son entrée en littérature avait été fracassante, elle avait eu la puissance d'un direct du droit à la mâchoire. Et dès le départ, on lui avait collé cette étiquette d'enfant terrible, il avait un talent de fou furieux. Il avait surfé sur la vague de son succès, il en avait profité, faisant la fête jour et nuit avec sa belle gueule et son âme de chien sauvage, son âme qui traînait, pour ainsi dire, dans le caniveau. Il buvait sec, se bagarrait à la sortie des bars – son agent était venu le chercher maintes fois au poste de police au petit matin –, écrivait une poésie brutale, viscérale, ses livres étaient féroces, ils naviguaient dans les eaux sombres de la nuit. Il offrait quelque chose de nouveau, de sale et de puissant dans un milieu littéraire trop propre, trop sage, trop lisse.

N'appartenir à rien ni à personne et être libre. Vivant. Indomptable. C'était une question de survie. La sienne. On aurait très bien pu le retrouver mort au fond d'une ruelle, une balle dans la tête, ou le visage défoncé à coups de barre de fer, il s'en foutait.

Il avait fait la connaissance d'Élisabeth lors d'un gala au début des années 2000. Élisabeth, cette actrice que tout le monde s'arrachait, celle dont les caméras raffolaient. Elle faisait carrière entre Montréal et Los Angeles. Ils étaient entrés en collision. Pour plusieurs, cette union était comme l'eau et le feu, c'était une liaison impossible, dangereuse. Personne ne donnait cher de leur peau. Une version contemporaine et *hard* de *La Belle et la Bête*. Pourtant ils s'étaient fiancés, puis mariés, et Élisabeth avait mis Hollywood sur la glace. Jules était venu au monde, les tabloïds s'étaient enflammés. Contre toute attente, ils avaient tenu le coup un sacré bout de temps. Élisabeth avait l'élégance et la beauté d'une Grace Kelly, Martin affichait la coolitude d'un Steve McQueen bien que doublé d'un caractère à la Bukowski. Il avait cru être à l'abri de ses tourments, il avait cru y échapper, pouvoir enfin se reposer, souffler un peu, mais à cette époque, il était abîmé à un point de non-retour. Ses parts d'ombre, les démons qui l'habitaient, revenaient sans cesse le hanter. Ils le dévoraient, l'avalaient, l'aspiraient de l'intérieur. Il s'accrochait à Élisabeth, à Jules, il luttait de toutes ses forces, mais c'était peine perdue, il se noyait en lui-même. Il avait recommencé à disparaître sans donner de nouvelles, à nouveau il épousait l'errance, c'était plus fort que lui. Ce besoin de fuir, ce combat qu'il menait, ce mal de vivre qui le rongeait comme un foutu cancer. Il reprenait conscience dans des chambres à des centaines de kilomètres de chez lui, souvent dans les bras de filles dont il n'avait aucun souvenir. On pouvait le dire, oui, c'était un salopard. Avec le recul, il était étonnant qu'il ne se soit pas flingué. Ce n'était pas les occasions qui avaient manqué pourtant, combien de fois s'était-il retrouvé avec un pistolet dans la main, assis à poil dans le fauteuil défoncé d'un hôtel de passe ? Seule l'écriture réussissait à le garder à la surface dans ces moments de délire. Il écrivait d'une manière frénétique, enfiévrée, pour éviter de nuire à ceux qu'il aimait. Mais ce faisant, il s'en éloignait, il les perdait. Il s'enfermait dans son monde de falaises et de précipices, il se dissociait de la réalité. Élisabeth en avait eu assez, elle s'était tournée vers un autre homme. Elle aimait Martin plus qu'aucun autre, mais elle n'en pouvait plus, elle ne pouvait endurer d'être laissée seule, dans l'inquiétude, l'instabilité, avec l'idée qu'il ne reviendrait peut-être jamais. Il la faisait souffrir alors même qu'il aurait donné sa vie pour elle. Comment lui reprocher qu'elle le quitte ? Elle avait eu raison de le faire, elle n'avait pas à sacrifier sa vie pour un fêlé de son espèce. De son côté, Jules lui avait tourné le dos aux premiers jours de l'adolescence, il ne se reconnaissait plus en son père, il n'arrivait plus à l'atteindre ni à le comprendre. Et Martin avait été incapable de réaliser à temps que ces deux êtres lui suffisaient, qu'ils étaient tout ce qui comptait, qu'il aurait dû miser sur eux plutôt que sur ses délires, oublier tout le reste, et les aimer, point. Il sondait, creusait sa douleur pour créer une œuvre forte, inclassable, il extirpait de ses bas-fonds des joyaux littéraires, mais en réalité il n'était qu'un putain de clown faisant un bien triste numéro de cirque. Il était devenu sans s'en rendre compte le genre d'homme à qui il aurait souhaité joliment casser la gueule.

La main de Jane dans la sienne, la pression qu'elle exerce, le ramène au présent, à l'essentiel. Il n'est pas nécessaire, pour retourner en arrière, de s'y perdre. Cependant, ça semble quelquefois inévitable. Respirer là où ça fait mal pour parvenir un tant soit peu à ignorer la douleur. Plus facile à dire qu'à faire, pense Martin.

— Merci, Jane, murmure-t-il en fixant la route.

Elle sourit. C'est si simple parfois.

Dans la splendeur d'octobre, la musique de Tim Linghaus maintenant.

Le morceau qui les accompagne : *Drive Me Somewhere Nice*.

Ça lui revient en passant dans le village, dans les derniers kilomètres avant le retour à la maison au bord du lac.

Les souvenirs affluent, remontent par bouffées, incontrôlables.

Il voit l'école primaire derrière l'église, près de la rivière. Il arrête la voiture juste avant le pont, dans le stationnement de ce qui était autrefois un restaurant et qui est maintenant une quincaillerie. Jane demande ce qu'il fait, mais il ne répond pas, il sort, traverse la route sans se soucier du trafic clairsemé, se plante sur le bas-côté.

Il parle à peine français lorsqu'il met les pieds dans cette école, un matin de septembre 1973, à l'âge de cinq ans. Immédiatement, il devient un objet de curiosité, de fort intérêt de la part des autres enfants de sa classe. Il est un étranger dans ce petit village, dans cette école de la taille d'une boîte à chaussures. Tout le monde semble se connaître. Sa timidité naturelle conjuguée à la barrière de la langue le tient à l'écart dans les premiers jours, mais ça ne dure pas. Sa professeure est gentille, attentionnée, elle le prend sous son aile. Il se fait deux ou trois amis, dont Marjorie, jolie fille aux cheveux blonds de qui il sera amoureux des années plus tard, à l'adolescence. L'espace d'un instant, il se demande ce qu'elle est devenue, si elle habite encore la région, si elle a beaucoup changé, mais son esprit distrait revient vers l'école et ses souvenirs. Des garçons des classes supérieures lui cherchent des ennuis, mais d'une manière générale il arrive à les éviter. S'il parle peu français, il s'en tire haut la main dans les sports et autres activités physiques, ce qui lui confère une certaine sympathie auprès de ses camarades. À la maison, c'est différent. Les coups ont commencé à pleuvoir pour un oui ou pour un non et Eileen, Dieu sait pourquoi, détourne le regard. Elle ferme les yeux sur les « corrections » que Richard inflige à son fils. Jamais elle n'intervient. Lorsque Martin se présente un matin en classe avec une vilaine marque sur le visage, il raconte qu'il est tombé en jouant avec son chien. C'est peut-être l'époque qui veut ça, au milieu des années 1970, mais personne ne s'offusque, on s'inquiète peu des bleus sur les bras d'un gamin ni même d'un œil au beurre noir. Et si à l'occasion on questionne Martin, il esquive, reste évasif dans ses réponses. Il sait se taire, il apprend à ravaler, déjà sa confiance envers les adultes s'effrite, il ne risquera pas d'aggraver sa situation.

À mesure qu'il grandit, son caractère change. Il se durcit. Les coups qu'il reçoit à la maison, il les rend à ceux qui les cherchent. Il n'aime pas la bagarre, il ne s'attaque jamais aux autres de son plein gré, il préfère demeurer dans son coin, mais si on le provoque il n'hésite pas. Il est rapide à la détente. Trop. Ça devient un cercle vicieux. Il se bat à l'école, on le suspend, Richard le corrige. Retour à l'école. Deux ou trois semaines plus tard, le manège recommence.

Martin se mord les lèvres jusqu'à avoir un goût de sang dans la bouche. Des larmes nées de la colère et de la honte coulent sur ses joues. Il repense à cette fois où deux garçons de quinze ans s'en étaient pris à lui – il en avait treize. Deux contre un et il avait tenu bon, il était parvenu à s'imposer. Mais pourquoi donc ? Tout ça avait dégénéré en cirque dans le stationnement des autobus et, pour une raison obscure, il en avait payé le prix alors qu'il ne faisait que se défendre. Responsable ou pas, on l'avait mis en suspension, un mois avant la fin des classes.

À la maison, Richard et Eileen l'attendaient dehors à sa sortie de l'autobus scolaire. Tout de suite, Martin avait remarqué que sa mère avait pleuré. Elle évitait de croiser son regard. Nelly, sa chienne, était venue à sa rencontre en battant de la queue comme chaque soir, mais Richard l'avait chassée d'un solide coup de pied et elle avait hurlé avant de déguerpir. Martin avait crié de ne pas toucher à son chien. C'était la première fois qu'il osait s'imposer face à Richard. Ç'avait été plus fort que lui, personne ne touchait à Nelly. Le visage de son beau-père était devenu rouge et gonflé, l'homme avait pété un plomb.

Le premier coup avait été une puissante gifle qui avait envoyé Martin valdinguer contre le mur de la maison.

Eileen avait baissé les yeux, désemparée, muette.

Sonné, Martin s'était relevé, il avait craché aux pieds de Richard. Il considérait qu'il n'avait plus rien à perdre. Ce deuxième affront avait provoqué l'explosion. Richard l'avait empoigné par la nuque, presque à la lui casser, puis l'avait traîné ainsi jusqu'à l'intérieur, jusqu'à sa chambre dont il avait claqué la porte.

Il n'avait jamais eu autant mal. Richard l'avait tellement rossé qu'il en avait pissé et chié du sang pendant trois jours. Eileen ne s'était pas interposée, elle avait disparu, elle n'était intervenue qu'après coup, plaidant pour pouvoir emmener son fils aux urgences. Sans succès. Une fin de non-recevoir de la part de Richard qui avait de bonnes raisons de garder son beau-fils loin des médecins.

L'hématurie avait cessé d'elle-même. Les plaies, nombreuses, les déchirures, s'étaient refermées, les bleus, atténués. Mais cette agression, tout ce qu'elle comportait d'horrible, était demeurée une tache indélébile.

L'inaction de sa mère aussi.

Lorsqu'elle était venue pour le soigner, Martin l'avait repoussée violemment. Il ne voulait même plus qu'elle s'approche, qu'elle entre dans sa chambre, il avait envie de lui hurler qu'il était trop tard maintenant. D'elle non plus, il ne voulait plus rien savoir. Détruit, il était. Il ne tenait plus qu'en petits morceaux.

Frissonnant dans l'air frais près de la rivière, Martin croise les bras. Jane se glisse derrière lui, l'enlace.

— *Are you all right?* demande-t-elle.

Mentir, comme il l'a toujours fait, ce serait simple. Dire : « Oui, *I'm all right*, tout est parfait. »

Il secoue la tête.

— Non, répond-il. Non, ça ne va pas. Mais c'est OK. Il y a beaucoup de choses qui remontent à la surface, *you know*... C'est chez moi, ici. Enfin, une partie de moi est demeurée attachée à cet endroit. Et une partie en est morte... C'est ici que s'est déroulée mon enfance. Le fondement de l'homme que je suis devenu. Ce que je vois maintenant... Je ne crois pas être... je ne suis pas une bonne personne, Jane.

— C'est faux, Martin. Si tu n'étais pas une bonne personne, je ne serais pas ici, avec toi.

— Tu ne peux pas savoir.

Elle sourit, approche sa bouche près de son oreille.

— Et moi, je te dis que je sais, voilà tout.

Il pense à Eileen, à son impuissance, à sa dépendance. Sa gorge se noue. Ce truc dans sa poitrine, ce poids qui compresse le cœur, les poumons. Comme il est impossible de revenir en arrière, on peut difficilement réparer les erreurs, les ratages de nos existences. Est-il possible cependant de réellement pardonner ? Et a-t-on le droit de *se pardonner* à soi-même ? Il aurait envie de dire à Eileen : « Je ne dois pas être une bonne personne, maman, sinon tu aurais pris soin de moi, tu m'aurais protégé, pas vrai ? Je ne sais pas, j'ai dû faire cette chose terrible pour m'en sortir, pour que nous puissions nous en sortir tous les deux. Mais ça, tu ne l'as pas su. Il y a plein de choses que tu n'as pas sues. Ou que tu as préféré ignorer. Au fond, ça n'a rien changé, tu vois ? Rien du tout. Sinon, peut-être n'ai-je réussi qu'à damner mon existence. Peut-être aussi était-ce déjà fait. »

Alors qu'ils approchent de la maison, Martin prend conscience qu'Eileen n'y sera pas, il le réalise pour de vrai. Jusqu'alors, sa mort demeurait une abstraction, un concept un peu vague, presque impensable. Elle est une réalité à présent. La réalité de l'absence. Chacune des visites précédentes de Martin avait été une occasion de se réconcilier avec elle, tentatives nombreuses pour faire la paix avec leur histoire, leur passé. Mais ça finissait toujours par foirer. Inévitablement. Si la disparition de Richard les avait libérés, d'une certaine façon, les blessures, elles, restaient, cicatrices boursouflées à la surface de leurs consciences respectives. Martin devait faire face à la musique, seul à présent, pour enfin trouver un chemin vers la quiétude.

> « Sur la tablette des âmes
> brûlent aussi
> les larmes et la rosée »
> Hattori Ransetsu

Thomas les attend sur le balcon. Quand il a entendu la voiture sur le chemin de gravelle qui serpente entre les arbres, il est sorti pour les accueillir. Il se tient droit, digne et fier, ses cheveux blancs en broussaille. Jane et Martin descendent de la Outback, il va à leur rencontre, tend la main à Martin puis le serre dans ses bras, comme un père le ferait avec son fils. Ils se regardent longuement dans les yeux. Ceux de Thomas sont rougis, embués. Il a pris un coup de vieux. Son dos est légèrement voûté, ses mouvements sont plus lents, plus lourds, un signe de fatigue, d'épuisement. Il n'a pas dû dormir beaucoup dans les derniers jours, le départ d'Eileen occupant certainement l'essentiel de ses pensées.

— Merci d'être venu, dit-il.

Martin hoche la tête, esquisse un faible sourire. Il lui présente Jane. Thomas, maladroit mais chaleureux, la prend aussi dans ses bras comme s'il la connaissait depuis toujours, lui souhaitant la bienvenue. Le geste est surprenant, mais la scène est amusante, ils en rient tous trois et l'atmosphère un peu tendue s'allège. Puis Martin attrape les bagages dans le coffre arrière et Thomas les invite à le suivre à l'intérieur.

La dernière fois que Martin avait vu sa mère, ç'avait été un fiasco. C'était cette visite imprévue qui avait été plombée par les commentaires déplacés d'Eileen concernant l'homosexualité de Jules. La journée s'était pourtant déroulée tranquillement, sans accrochage, jusqu'à l'heure du souper. Cette leçon de morale gratuite et déglinguée d'Eileen avait mis Martin hors de lui. Ce qu'elle disait de l'homosexualité relevait d'un délire absurde, d'une façon de penser archaïque qui n'avait auparavant jamais été sienne. Elle prenait des positions tenues par la droite religieuse américaine ou par les siphonnés du cerveau qui pullulaient sur les réseaux sociaux, c'était aberrant. Elle était même allée jusqu'à mettre la faute sur Martin, sur l'éducation qu'il avait donnée à son fils, sous-entendant qu'il avait failli à sa tâche, qu'il avait manqué de «poigne», alors qu'elle, bien sûr, était irréprochable. Ce truc-là l'avait enragé. Sa colère était montée en une vague gigantesque, une saloperie de tsunami. Il avait fermé les yeux, serré les poings, il s'était retenu pour ne pas renverser la table de la salle à manger encore chargée des restes du repas. Il avait eu un mal fou à se contrôler, mais il y était parvenu. Eileen s'était levée pour ramasser les assiettes comme si de rien n'était et Martin, sans un mot, avait pris ses affaires. Il était sorti sans claquer la porte, un exploit pour dire vrai. Il n'avait pas jeté un seul regard en arrière.

Deux ans plus tard, le gâchis de cette soirée demeure, ses cendres encore fumantes.

Thomas avait bien tenté de les réunir à nouveau, à de nombreuses reprises, mais ça n'avait pas fonctionné. La faute en incombait autant à la mère qu'au fils, l'un et l'autre refusant la moindre concession, le moindre pas de recul, comme s'ils s'entêtaient, persévéraient à avancer dans l'irréparable.

Dans la maison, l'odeur est frappante. C'est un mélange de vieilles boiseries et de feu de foyer, combiné à un léger relent d'humidité, et de ce parfum qui ressemble à celui d'un champ caressé par le vent et la chaleur du soleil, distinctif d'Eileen. Cette odeur portée par la mémoire de l'enfance et de l'adolescence, cette odeur du passé qui, malgré tout, n'a jamais quitté Martin.

Ils vont déposer leurs sacs dans son ancienne chambre. Il a toujours hésité à dormir là, même du temps où il venait avec Élisabeth et Jules. Il se dit qu'avec Jane il aurait peut-être été préférable de louer une chambre à l'hôtel du village, mais il chasse cette idée. Pourquoi iraient-ils ailleurs ? Par crainte de ses fantômes ? Parce qu'il sait déjà qu'il ne fermera pas l'œil de la nuit ? Partout ce serait pareil, de toute façon, il ne peut y échapper. Il a compris depuis longtemps que la fuite ne sert à rien, même s'il s'y entête parfois.

De retour au salon, l'absence d'Eileen le prend à nouveau à la gorge. Il a cette impression d'une déchirure dans le temps. Pratiquement rien n'a changé depuis toutes ces années. Il se sent projeté en arrière et Eileen, bien qu'invisible, semble partout. Elle passe d'une pièce à une autre, s'affaire dans la cuisine, elle sourit, elle rit, elle chante, elle pleure, elle est heureuse, elle est triste, elle enfouit son visage entre ses mains, la moitié enflée par une forte gifle, elle est songeuse devant les fenêtres du solarium et Martin tout jeune demande de sa petite voix d'enfant : « Ça va, maman ? » Elle est tout autour de lui, elle tourbillonne, danse, virevolte. Elle donne le vertige. Il doit s'accrocher au dossier d'un fauteuil. Eileen est présente dans chaque craquement du plancher, dans chaque courant d'air, dans chaque murmure apporté par le vent, ses molécules habitent l'espace, l'englobent, elle est là et elle n'est nulle part et, soudain, Martin se sent plus seul qu'il ne l'a jamais été.

Thomas prépare du café.

Eileen s'est fait un thé dans les instants précédant sa mort. Martin ne l'a jamais vue boire autre chose. Jamais une goutte d'alcool, pas même de vin, à son souvenir. Elle n'était pas comme son père ni comme son frère. Non plus comme Richard, qui éclusait une bière après l'autre. Ni comme lui, qui avait sérieusement navigué en eaux troubles, toujours sur la corde raide, chanceux de ne pas avoir franchi définitivement les limites, de ne pas en être mort ou de ne pas finir ses jours en prison. L'alcool avait amené Martin aux frontières du délire, c'était un miracle s'il avait réussi à reprendre le contrôle. Eileen, elle, buvait du thé, peu importe les circonstances. Comme elle ne pouvait cultiver le théier, la plante de *Camellia sinensis* ne pouvant survivre au climat de la province, elle se rabattait parfois sur les herbes locales qui poussaient dans son jardin, thé du Labrador, romarin, baie de genévrier, camomille, mélisse, achillée millefeuille qu'elle mélangeait à des fleurs comestibles, rose, tulipe, hémérocalle, géranium ou encore à des fruits séchés comme les bleuets, les mûres, les fraises ou les cerises de terre. Des années durant, elle avait vendu ses tisanes à l'épicerie du village, puis dans une boutique d'artisanat. C'était un passe-temps qu'elle avait fini par laisser tomber, un peu par lassitude.

Thomas surveille la cafetière sur le rond et Jane se tient devant la bibliothèque, une photographie encadrée entre les mains. Elle la regarde, sourit. Il s'agit de Martin à l'âge de cinq ans, peu après leur arrivée au Québec. Une de ces photographies prises à l'époque dans les magasins à grande surface. Martin est assis, sage, un sourire radieux aux lèvres, ses yeux sont pétillants, il porte un chandail vert en tricot, ses cheveux de petit Irlandais ont des reflets roux. Jane est attendrie par ce garçon, par sa douceur, son innocence. Par cette jeune vie pleine de promesses. Elle montre la photo à Martin. Il hoche la tête avant de détourner le regard. Il n'aime pas se voir ainsi. Ça vient d'une autre vie, lui semble-t-il. Il a du mal à figurer que ce soit la sienne. Cette image, c'était avant. Avant que Richard le frappe pour la première fois. Cet enfant, celui qu'il était à ce moment-là, fixé sur le papier photographique, trop beau pour être vrai, n'a existé qu'un court laps de temps. Un clignement d'œil.

Ils sortent tous les trois sur la véranda avec les cafés. Le soleil est encore bien présent dans le ciel et la fraîcheur de l'automne, en fin de journée, agréable. Martin emmène Jane vers le jardin d'Eileen. Il n'a pas la flamboyance des jours d'été, malgré cela il demeure magnifique. De par son étendue, c'est un endroit qui semble hors de tout, hors du temps, un lieu de paix, une sorte d'oasis qu'Eileen avait fait naître de la terre, de ses mains, qu'elle appelait son « paradis », un refuge pour échapper à la peine et au chaos extérieur du monde.

— C'est splendide, dit Jane.

Martin acquiesce. Sa mère avait créé ce jardin elle-même, seule, et c'est vrai que c'était splendide. Pourtant, jeune, il allait peu s'y promener. Ça ne lui était pas interdit, simplement il ne considérait pas ce lieu comme étant son territoire. Ce n'était pas là qu'il se sentait à l'abri. Il se protégeait plutôt en fuyant dans les bois et les montagnes avec sa chienne, Nelly. Dans la nature sauvage, il trouvait la sécurité, l'harmonie. La paix. Ainsi à l'abri des hommes, la solitude ne l'effrayait nullement.

Thomas montre l'endroit exact où Eileen s'est effondrée, là où son cœur a flanché, où ses genoux ont fléchi alors que la vie la quittait. Martin fixe le sol. Dans sa rétine s'imprime l'empreinte métaphysique du corps de sa mère.

— Elle n'a pas souffert, dit Thomas à voix basse. Je crois te l'avoir déjà dit, elle souriait.

Les yeux de Thomas s'emplissent de larmes qu'il ne tente pas de retenir. Il les essuie avec la manche de sa veste en laine. Le regard de Martin parcourt l'allée en pierre, le gazon encore vert, les feuilles qui le parsèment, il glisse vers le lac derrière eux, en contrebas du terrain, il entend le faible clapotement de l'eau sur la grève, les vaguelettes qui viennent lécher le sable. Il s'arrête ensuite sur le grand pin blanc ployant légèrement au-dessus de la plage. C'est sous cet arbre qu'Eileen s'asseyait auprès de lui quand il était petit. Elle le réconfortait, caressait ses cheveux, lui parlait des étoiles. Plus tard, il y avait passé des heures seul à flatter la tête de Nelly posée sur ses cuisses, à réfléchir, à panser ses plaies, à imaginer ce que serait la liberté, s'il la connaissait un jour. À rêver.

Et que sont ces rêves devenus ?

Il ne saurait dire. Ils lui ont échappé. Dans ses songes de jeunesse, il s'était imaginé un meilleur homme que celui qu'il est devenu. Qu'y peut-il à présent ?

Cette sensation déplaisante à l'intérieur, comme un trou qui cherche à l'aspirer.

Eileen.

Pourquoi s'est-il toujours senti abandonné par elle ?

Une autre question qui demeurera à jamais sans réponse. Les choses sont ce qu'elles sont, même si cela reste dur à avaler parfois.

— Pourquoi ? murmure-t-il à part lui, pensant à sa mère. On aurait pu s'en sortir juste nous deux, tu ne crois pas ?

Le quai en bois est démonté en trois sections, empilées sur la plage, parallèlement au terrain. Le jour achève et Thomas est retourné à l'intérieur pour préparer le souper, refusant gentiment l'aide proposée par Jane.

Ils marchent sur la grève, la plupart des chalets voisins sont fermés pour l'hiver, portes barrées, volets clos. Les estivants ont quitté les lieux depuis plusieurs semaines déjà, ils ne reviendront qu'au printemps, souvent même pas avant juin. Martin montre telle ou telle habitation, des amis y vivaient du temps de sa jeunesse, amis dont il a perdu la trace il y a longtemps, dès le commencement de son « exil » imposé. Une fois rendus à la pointe septentrionale de la plage, ils rebroussent chemin jusqu'au grand pin, sous lequel il invite Jane à s'asseoir.

— Ici, dit-il, je me suis toujours senti bien, à ma place. Quand j'étais petit, disons entre cinq et huit ans, ma mère et moi, on venait regarder le coucher de soleil, exactement là où on est. On restait jusqu'à ce que la nuit tombe, que le ciel soit étoilé. Nelly, ma chienne, s'allongeait à mes côtés. Ce sont les seuls beaux souvenirs que je garde d'elle, d'Eileen, je veux dire. Quand on était ensemble, comme ça, qu'elle me parlait à voix basse, feutrée, qu'elle me faisait rire, qu'elle jouait dans mes cheveux. Elle avait cette douceur qu'elle cachait autrement. Ces instants-là étaient magiques pour moi. Mais il n'y en a pas eu des masses, tu peux me croire. Quand Richard était là, ah, j'avais plutôt intérêt à m'effacer.

— C'était ton père ?

— Non. Je n'ai pas connu mon père. Je suis un accident, tu vois. Eileen est tombée amoureuse d'un garçon qui l'a mise enceinte avant de lever les voiles. Elle n'en a jamais eu de nouvelles, ne l'a jamais revu. Elle a rencontré Richard plus tard, j'étais gamin, tout jeune. Ils se sont mariés et on est venus s'installer ici avec lui. Au début, c'était bien, mais...

Il prend une longue inspiration, puis soupire sans poursuivre sa phrase. Jane le regarde. Elle veut savoir, comprendre, sans toutefois le brusquer.

— Il était dur avec toi ?

— Dur ?

Martin lâche un rire bref, une sorte de ricanement, puis il secoue la tête comme pour s'ébrouer.

— Viens, fait-il en lui prenant la main, je vais te montrer quelque chose.

Il l'entraîne vers le sous-bois, de l'autre côté du terrain, à l'opposé du jardin. Parmi les branchages et les ronces, une vieille croix en bois est visible, plantée dans le sol. À l'origine, Martin l'avait peinte en blanc. À présent, le bois est vermoulu, pourri par endroits, la peinture, écaillée, délavée. Les clous ont rouillé. Sur une plaque, on peut à peine déchiffrer ce qui est écrit :

Ici repose Nelly
1973-1984
Tu me manqueras
Pour toujours

— C'est là qu'est enterrée ma chienne, dit Martin en enfonçant les mains dans ses poches. Ma Nelly. Sans elle, j'aurais été paumé, je ne crois pas que j'y serais arrivé. Je veux dire, je n'aurais pas pu passer à travers toutes ces années, à travers l'enfance, tout ce bordel. C'était elle qui me réconfortait, qui était là pour moi, alors qu'Eileen…, alors qu'Eileen s'arrangeait pour survivre de son côté, j'imagine. Elle aussi était prisonnière, mais elle ne s'en rendait pas compte, elle était dépendante de cet homme qui la contrôlait, la manipulait à volonté. Enfin… c'était ça. Elle avait son jardin, j'avais mon chien. Ce qui est absurde, tu vois, c'est que Nelly est la seule bonne chose que Richard ait faite pour moi. C'est lui qui me l'a offerte quand on a déménagé ici après le Massachusetts. Un chiot qui tenait dans une boîte en carton. Pour que je me sente moins seul, moins perdu. Mais à partir du jour où j'ai pris Nelly dans mes bras, le reste, on dirait, est parti à l'envers. Rien de ce que je faisais n'était bon à ses yeux.

Il prend un temps, s'accroupit devant la croix, touche la terre de ses mains.

— J'avais seize ans quand elle est morte, poursuit-il. Un soir, je suis rentré de l'école et je l'ai retrouvée dans ses vomissures, la gueule pleine de bave, le regard fixe, vide. Ça m'a scié les jambes. Je crois bien que c'est la dernière fois que j'ai pleuré, autrement qu'à force de rage. Ouais... Je l'ai enterrée et j'ai enterré une partie de moi avec elle. J'ai fabriqué cette croix. Je n'en ai jamais eu la preuve, mais j'ai toujours pensé qu'on l'avait empoisonnée.

— Qui aurait fait ça ? demande Jane.

— Comment savoir ? C'est juste une impression. Nelly commençait à être vieille, mais ce matin-là elle allait bien. Elle était libre, jamais je ne l'ai attachée, elle se baladait beaucoup, elle n'aurait fait de mal à personne sans raison, mais le monde est rempli de cinglés, ici comme ailleurs. Et puis...

Martin tourne la tête vers le large, puis lève les yeux au ciel. Dans le crépuscule, deux ou trois étoiles apparaissent.

— ... Richard me détestait. À seize ans, je lui tenais tête, je m'étais forgé une carapace, j'avais choisi de ne plus avoir peur. C'était une raison suffisante, non ?

Le souper se déroule en silence. Personne n'a particulièrement faim. Un malaise plane, l'inconfort se ressent et les afflige tous. Thomas tente de faire la conversation avec Jane. Elle s'y prête de bonne grâce, elle essaie même de détendre l'atmosphère en parlant de ses aventures en montagne, mais le cœur n'y est pas. La discussion tourne à vide.

Thomas a mis un couvert à la place habituelle d'Eileen en soulignant qu'ainsi elle serait avec eux. Martin a froncé les sourcils sans rien dire. Ça le trouble, cette impression qu'Eileen pourrait apparaître à tout moment et s'asseoir parmi les vivants. Il ne se fait pas à l'idée qu'elle est partie. La mort est une chose étrange. Elle demeure une sorte de fiction jusqu'à ce qu'elle soit réelle. Quel que soit l'angle que l'on prenne, la mort demeure une fiction inévitable. Elle nous attend tous. Elle nous attrape.

À la fin du repas, Thomas s'épanche en remplissant les verres de vin, ses mains tremblent légèrement, il pleure, raconte à quel point Eileen a changé sa vie.

Martin pense plutôt le contraire. C'est lui qui a changé la vie d'Eileen. Pour le mieux. Thomas est l'opposé de l'homme qu'était Richard. Il est bon, doux, généreux. Attentif. Quand Eileen et lui se sont mariés, Martin voyageait en Thaïlande. Il cherchait encore un foutu sens à son existence. C'était le printemps 1997, il habitait une minuscule chambre à Chiang Mai, juste au-dessus d'un gym de Muy Thaï, travaillait à son quatrième roman, s'entraînait à la boxe thaïlandaise le jour, écrivait la nuit en éclusant de la bière Chang comme s'il n'y avait pas de lendemain. Onze ans s'étaient écoulés depuis la mort de Richard, et Martin se réveillait encore la nuit couvert de sueur. Il avait beau chercher à reprendre pied, il n'y parvenait pas. Les sentiments se mélangeaient en lui, la colère, la rage, la honte, la peur parfois, qui remontait à la surface. Sa seule consolation était la paix d'Eileen, son bien-être auprès de cet homme apparu comme par miracle dans sa vie.

— Elle t'aimait, Martin, tu sais, dit Thomas. Elle pensait toujours à toi. Elle regrettait tellement cette distance entre vous. Ce froid.

Martin secoue la tête avec un rire bref.

— Elle aurait pu me le dire, fait-il, ça aurait simplifié les choses.

— Toi aussi, tu aurais pu lui dire, réplique Thomas d'une voix calme. Tu aurais pu t'asseoir avec elle et lui parler. Mais non. Vous êtes restés campés sur vos positions, tous les deux. Ça vous aura servi à quoi, à ton avis ? Tu crois que c'était facile de vous voir comme ça, toujours à couteaux tirés ?

Martin fait tourner le vin dans le fond de son verre avant d'avaler la dernière gorgée d'un trait.

— Tout n'est pas si simple, lâche-t-il.

Jane et Martin nettoient et rangent la cuisine, Thomas s'occupe du feu. Puis il sort une bouteille de whisky japonais, Suntory, et trois verres. Le vent se lève, les murs de la maison craquent.

Jane s'approche de la bibliothèque, feuillette les livres. Ceux de Martin sont classés par ordre de parution sur une tablette qui leur est dédiée.

Martin, lui, s'installe devant les grandes fenêtres du solarium. Il scrute le lac dans la nuit.

De nouveau agenouillé près du foyer, Thomas joue du tisonnier pour replacer une bûche.

Le feu. Martin en voit le reflet dans la fenêtre. Sa propre image en surimpression.

On ne peut échapper à son passé, pense-t-il. D'aucune manière.

Dans l'obscurité, une silhouette à la blancheur évanescente danse sur la plage, près des vagues. Elle s'approche.

Il aperçoit Eileen avancer dans l'herbe, sa chemise de nuit couvrant son corps mince, sinon maigre, ses longs cheveux gris, jadis d'un roux éclatant, à présent délavés, flottant sur ses épaules. Elle est là comme il aurait souhaité qu'elle soit. Ce n'est que son imagination, un fantôme traversant son esprit, pourtant il lui sourit, espérant presque un sourire en retour. Qui ne vient pas. Demain, il la verra allongée dans son cercueil. Thomas n'a prévu qu'un matin d'exposition, suivi de la cérémonie à l'église du village. Martin appréhende ce moment, réalise qu'il l'a toujours redouté. Ce ne sera que l'enveloppe charnelle d'Eileen, se dit-il, ce à quoi elle ressemblait, pas elle. Ses sentiments sont troubles, ambigus. Autant il voudrait la détester, autant son amour pour elle explose à cet instant. Pour la première fois depuis longtemps, elle lui manque. Terriblement. Malgré la douleur des souvenirs, des déceptions, des trahisons ressenties, malgré ce qu'il considère comme impardonnable, il n'a jamais cessé de l'aimer. C'est plus fort que lui. Elle était sa mère. Elle l'a mis au monde, lui a donné la vie. S'il voulait la maudire, il en serait incapable. Il se maudit lui-même, n'est-ce pas déjà assez ?

Eileen avance dans la nuit, une ombre parmi les ombres, elle vient jusqu'à la fenêtre où elle dépose ses mains. Martin y pose les siennes. Un mur de verre demeure entre eux, une séparation infranchissable. Ils ne peuvent se rejoindre, isolés l'un de l'autre. Ce qu'ils ont toujours été. Ensemble, mais isolés.

Tout cela n'est pas réel. Et pourtant ce l'est. Il jurerait qu'elle est devant lui. Fragile comme un oiseau blessé, ses yeux tristes, sa bouche semblable à une blessure humide.

Vivante.

Ils se regardent, la mère et le fils. Cette vie qui les a unis et déchirés.

Pour la première fois en près de quarante ans, pour la première fois depuis la mort de son chien, de vraies larmes coulent sur les joues de Martin. Ainsi son cœur, qu'il croyait noirci par les flammes, continue de battre, continue de vivre.

Eileen, ce reflet d'Eileen, approche son visage. Il voudrait tant pouvoir toucher, caresser sa peau.

— Pardonne-moi, murmure-t-elle dans le vent d'automne qui prend force.

— Non, maman, murmure Martin. C'est moi qui te demande pardon.

Jane et Thomas regardent Martin, intrigués. Ses mains sont toujours appuyées à la fenêtre du solarium, son dos voûté, sa tête baissée. Dehors, un crachin poussé par le vent fouette les vitres, faisant valser les lumières extérieures qui reflètent d'étranges halos. Ils l'ont entendu parler sans toutefois comprendre ce qu'il disait.

Jane avance d'un pas vers lui.

— Martin ?

Il inspire longuement, cherchant à éclaircir, à calmer son esprit.

Certains secrets que l'on porte ne peuvent être révélés. Mais ils pèsent si lourd qu'ils en deviennent insupportables. Un de ceux-là, Martin l'a enfoui en lui. C'est ce secret qui l'a poussé à partir, à fuir, qui l'a amené à écrire une œuvre féroce, implacable et dure, une manière d'exorciser le mal, la noirceur incrustée en son âme. Les personnages de ses romans sont des êtres sauvages, violents, souvent mus par un désir de vengeance et qui tentent par tous les moyens de redevenir humains, de retourner vers la lumière. Ces hommes, ces femmes ne sont qu'une seule et même facette de ce qui gronde en lui, ce volcan fou furieux, ce geyser prêt à exploser, avec en filigrane toujours ce mince espoir, ce désir de rédemption. Sans l'écriture, sans la littérature, ne serait-il pas devenu un monstre lui aussi ?

Il se retourne, regarde longuement Jane puis Thomas, comme s'il voulait les sonder. Il va déposer son verre de whisky sur la table de la cuisine. Il n'en a pas pris une seule gorgée. Plus d'alcool pour ce soir. Cette vision d'Eileen, presque un satori, l'amène là où il ne s'y attendait pas. N'avoir jamais rien dit à personne, n'avoir jamais même pu avouer à Eileen, ce n'est pas une position tenable, il n'est plus possible maintenant de refouler ce qui gronde. Maintes fois il a tenté de s'ouvrir, de raconter cette nuit de novembre, sans y arriver. Cette nuit où il est devenu l'égal de celui qu'il pourchassait. Ces événements qui ont changé le cours de son existence.

Il doit parler. Pour le reste, tant pis. Ce n'est pas à lui de juger.

D'une certaine façon, Martin considère déjà avoir tout perdu. Ce qu'il risque en s'exposant à Thomas et à Jane n'est rien, en comparaison.

— Je n'ai jamais compris, commence-t-il, pourquoi Eileen est tombée amoureuse d'un homme comme Richard. Je doute fort qu'elle ait laissé derrière elle des notes, des journaux intimes, des lettres pour l'expliquer. C'est moi l'écrivain, pas elle. Alors qu'on était en route ce matin, Jane et moi, j'ai tenté de comprendre sa vie, le chemin qu'elle a pris, d'où elle venait et, par le fait même, d'où je venais. J'ai été capable de ne tracer que les grandes lignes, les souvenirs qu'elle avait partagés avec moi, les miens, ceux des premières années, flous, ceux confiés par Maureen, sa sœur. Je n'ai pas eu accès à l'âme d'Eileen, juste à sa surface. C'était une jeune femme ravissante, une mère de famille monoparentale à une époque où c'était mal vu, où on la pointait du doigt dans la rue. Elle gardait la tête haute, mais en dedans je crois qu'elle était déjà abîmée. Par sa jeunesse, par la perte de sa mère, celle de son frère, par l'ivrognerie de son père, par cette femme qu'il avait épousée en secondes noces. Enfin… Quand Richard a débarqué dans sa vie, il lui offrait ce qu'elle semblait ne plus pouvoir espérer : la sécurité, un « père » pour son fils, un avenir moins désolant que celui de trimer dur pour joindre les deux bouts, la stabilité. Et puis, il n'y a pas que ça, ce n'est pas un pacte avec le diable qu'elle a signé, elle était réellement amoureuse de lui. Ça, je m'en souviens. Je le voyais dans son regard. On dit aveuglé, non ? C'est ce qu'elle était, Eileen, aveuglée. Richard savait séduire, parler aux gens, se rendre aimable. Il avait cette chose en lui, cette force d'attraction, comme un aimant. Il inspirait la confiance. J'ai cru pour vrai, quand j'étais petit, qu'il remplacerait le père que je n'avais pas connu. J'étais content qu'il soit là, pour ma mère et dans une certaine mesure, pendant une courte période, pour moi aussi. Mais la gentillesse de Richard était une façade. Il portait un masque.

Il s'arrête, émet un petit rire, un ricanement, secoue la tête.

— On ne pouvait pas savoir, pas vrai ? reprend-il. Quand on a déménagé ici, c'était… c'était étrange. Les yeux d'Eileen brillaient, je la revois danser dans le salon, sous les rires de Richard. J'étais désorienté, j'avais cinq ans, j'étais un frêle rouquin d'Irlandais, je ne parlais pas un mot de français, je venais de quitter d'un seul coup mon cousin, ma cousine, mes deux seuls véritables amis, je me sentais triste, j'étais perdu. Eileen le remarquait encore à cette époque, elle est venue me prendre dans ses bras pour me faire valser avec elle, à en être étourdi. J'ai fini par rire aussi, comme eux. J'étais trop jeune pour le penser de manière claire, mais peut-être me suis-je dit que ce ne serait pas si mal, après tout, qu'on serait heureux dans cette maison, dans ce « nouveau monde ». Faut croire que je me trompais. Il y a eu Nelly, oui. Richard est arrivé avec elle, un soir, dans les premières semaines. « Elle est pour toi, Martin », c'est ce qu'il a dit. Une chienne d'à peine trois mois, toute petite. Une bâtarde. Comme moi. Elle est devenue ma meilleure amie, ma confidente. Ce n'est pas banal de le noter. La seule chose de bien que Richard ait faite à mon égard, c'est de m'offrir Nelly.

Il s'arrête un temps, rejoint Jane près de la bibliothèque. Ni elle ni Thomas n'osent parler. Le vent siffle sur le toit, gonflant le feu dans le foyer, les flammes montent en éruption, en spirale. Martin prend un livre, un exemplaire de son premier roman, l'édition originale qui date de 1991. Il en sort une photographie de Nelly. Elle est assise sous le grand pin, près de Martin, enfant. Elle tire la langue. On dirait qu'elle sourit. On dirait aussi qu'elle le protège, lui qui a déjà le regard songeur, triste, tourné vers l'intérieur.

Il tend la photo à Jane.

— Nelly. C'est la seule image qui existe d'elle.

Il retourne prendre place devant la fenêtre du solarium, examine la nuit à nouveau. La pluie tombe dru à présent.

— Richard me frappait pour un oui ou pour un non, soupire-t-il. Je ne pouvais pas savoir quand ça allait se produire, quand ça allait me tomber dessus. Comme il travaillait à l'extérieur, sur la route, il y avait des périodes d'accalmie, et ces moments, je les chérissais parce que je n'avais plus à avoir peur, parce que je retrouvais ma mère, je pouvais renouer avec elle, redevenir un enfant normal. Mais quand il était là…, j'avais beau vouloir m'effacer, rien n'y faisait. S'il dormait tard le matin et que je le réveillais par accident, j'avais droit à une raclée. C'était comme ça. Très vite, j'ai appris à éviter sa présence. Je passais mes journées avec Nelly sur la plage ou dans la forêt. J'avais des tâches à faire, des corvées à exécuter, et je m'en acquittais le plus vite possible, sans les négliger, pour avoir ensuite la paix. Naturellement, rien n'était jamais parfait, il y avait toujours ceci ou cela, toutes les raisons étaient bonnes, j'en payais le prix. C'est dingue, j'étais un gamin et je priais tous les soirs pour que Richard ait un accident de la route, qu'il ne revienne pas, jamais. Bien sûr, ce n'est pas dans ce sens que fonctionnent les prières, pour peu qu'elles fonctionnent. En plus, je me sentais coupable, je m'en voulais de penser une chose pareille.

Jane s'avance vers lui, elle pose une main sur son épaule. Thomas reste assis sans bouger sur le vieux sofa en cuir, il fixe le plancher. Il connaît peu de choses sur la jeunesse de Martin, sur la vie d'Eileen, avant. Avant qu'il arrive, avant qu'il s'installe dans le chalet voisin. Il sait que ça n'a pas été facile. Mais Eileen est demeurée secrète, souvent muette, prétextant que le passé était le passé, qu'il n'y avait pas matière à y revenir.

— Je ne vais pas m'étendre sur chaque coup que j'ai reçu, dit Martin. La liste serait longue, absurde. Je me suis endurci. J'ai appris. Même si je détestais ça, j'ai commencé à me battre dans la cour d'école, je me suis bâti une réputation de bagarreur malgré moi. À la maison, ça ne faisait qu'aggraver les choses. Je me suis fait suspendre à répétition. Une fois, j'ai cru que Richard allait me tuer. Nelly hurlait dans la cour tandis qu'il me rossait dans ma chambre. Et après... Après, alors que j'étais à moitié conscient, il m'a...

Martin secoue la tête, détourne le regard vers le sol, prend une profonde inspiration. Ce qu'il s'apprête à dire, il ne l'a encore jamais avoué à personne, il n'en a jamais eu ni la force ni le courage.

— Il m'a... forcé, violé. Sa fureur, sa folie l'ont poussé à abuser de moi. C'est arrivé cette seule fois. Un truc brutal. J'aurais préféré qu'il me tue. Plus que la violence, plus que la sauvagerie des coups reçus, ça m'a marqué au fer rouge, c'est demeuré une brûlure à vif sur mon âme. Ça m'a brisé, littéralement. Je ne sais pas... Je ne sais pas ce que faisait Eileen, si elle entendait mes cris, elle s'était réfugiée dans son jardin, j'imagine. À l'abri. Elle n'est jamais intervenue, elle n'a pas cherché à s'interposer. Elle ne pouvait pas ignorer ce qui se passait, malgré ça… Je lui en ai voulu pour sa lâcheté, sa faiblesse. Parce qu'elle ne disait jamais rien, ne prenait jamais ma défense, d'aucune façon. C'était pire que tout. Pire que l'agression que j'ai subie. Je l'ai réalisé, après. Le corps s'en remet. La douleur d'une côte ou d'un bras cassé, les hématomes, le sang qui pisse, tout le bordel, ce n'était en rien comparable à la douleur et à l'incompréhension de me sentir laissé à moi-même, abandonné, sans la moindre protection de ma propre mère. Qu'était-elle devenue ? J'ai mis une semaine à me relever de cette saleté de « raclée ». Physiquement, du moins. Ç'a été la dernière. À partir de ce moment, Richard ne m'a plus touché. C'est à peine s'il me regardait. Avait-il jugé qu'il était allé trop loin ? Allez savoir. Qu'est-ce que j'en avais à foutre ? J'avais treize ans, j'entrais dans l'adolescence, je tentais tant bien que mal de me reconstruire. Psychologiquement, j'étais une épave. Mais j'ai trouvé la force, je ne sais pas comment, de rester debout, de ne pas m'écrouler. Je me tenais loin de la maison, j'évitais la présence de Richard, j'avais appris, je savais comment le garder à distance. Je cachais un couteau sous mon oreiller, au cas où… Enfin… Je savais qu'il s'en prenait aussi à Eileen, mais je ne l'avais jamais vu la toucher. Sa violence envers elle était sournoise, pernicieuse, surtout verbale. Elle s'était mise dans un état de dépendance face à cet homme, il en faisait ce qu'il voulait. Mais un jour, il l'a frappée sous mes yeux, une gifle monumentale. Le choc que j'ai ressenti à l'intérieur, l'effet que ça m'a fait, était dix fois, vingt fois supérieur à ce que j'avais pu recevoir. J'aurais voulu le tuer. Le salaud frappait ma mère ! Mais j'ai figé, la peur me tenait. Je n'avais pas encore ce qu'il fallait pour la défendre. Eileen, elle, n'a rien dit. Elle a baissé les yeux, elle n'a pas prononcé un seul mot. Elle a avalé ça sans broncher. Plus tard, je l'ai retrouvée dans son jardin, elle pleurait. Je suis allé la voir, je lui ai dit qu'on pouvait partir tous les deux, qu'on n'avait pas à rester ici avec lui. J'aurais aimé qu'elle me prenne dans ses bras, qu'elle me serre contre elle, qu'elle me dise : « Oui, partons. » On aurait foutu le camp. On aurait réussi, j'avais encore confiance. Sans me regarder, elle m'a demandé de la laisser. J'ai insisté. Je voulais être présent pour elle. Elle a levé la voix sur moi, ce qu'elle n'avait jamais fait. « Va-t'en, laisse-moi tranquille ! » elle a crié. C'est ce que j'ai fait. Je suis parti. Qu'elle se débrouille seule, j'ai pensé, comme je m'étais débrouillé seul jusque-là.

La voix de Martin est basse, rauque, ses mots résonnent dans le salon.

Dehors, les bourrasques se font violentes, comme si une tempête prenait naissance.

Jane à ses côtés, il fixe l'ombre blanche flottant à présent près du grand pin penché.

Fantomatique, immatérielle Eileen.

Il poursuit en racontant son adolescence, ses fuites dans la forêt et les montagnes en compagnie de Nelly. Richard avait un camp de chasse à cinq ou six kilomètres au nord. C'était une simple cabane rafistolée de divers matériaux, avec un poêle à bois et un système d'éclairage rudimentaire au propane, de petits tuyaux de cuivre qui couraient partout. Martin s'y rendait souvent, il passait par un sentier qu'il avait défriché. Il était le seul à le connaître, Nelly ouvrait le chemin. Il avait la paix au camp. Richard n'y venait qu'à l'automne, pour la chasse. Quand il n'était pas à l'école ou à traîner avec ses copains, Martin se terrait là-bas avec sa chienne, cherchant un moyen d'échapper à son chaos intérieur. Attendant le bon moment pour définitivement se tirer de ce trou. Il apportait des livres, tout ce qu'il pouvait trouver, et il lisait. Une anthologie de poètes russes, *Tropique du Cancer* d'Henry Miller, Blaise Cendrars, *Sur la route* de Kerouac. Au milieu de ça, les romans de Stephen King. Ça lui plaisait. Il n'avait plus peur dans le noir, il n'était plus un petit bonhomme effrayé, ça l'amusait de lire *The Shining* ou *Pet Sematary* à la lueur vacillante d'une lanterne, c'était une façon d'apprivoiser les ténèbres. Il lisait, il s'évadait, fuyait le monde. Au camp de chasse, il était tranquille, et si par hasard Richard décidait de se pointer, il le ferait avec sa camionnette, Martin l'entendrait venir de loin, ses sens étaient aiguisés, il était aux aguets, il aurait le temps de disparaître. C'est aussi à cette période qu'il a commencé à traîner partout avec lui un carnet et un crayon. Il écrivait ce qui lui passait par la tête, des trucs qui ressemblaient parfois, presque par miracle, à des haikus lumineux. Ça lui donnait espoir. « Nuit de vent / l'errance / des solitudes. » Ce qu'il ne pouvait exprimer par la parole, il l'écrivait. Ça le rapprochait de la liberté, ça lui donnait une force qu'il n'aurait sinon jamais soupçonnée. Écrire ouvrait la porte à son monde intérieur et celui-ci foisonnait.

Les années avançaient, Nelly vieillissait. Elle commençait à traîner de la patte lorsqu'ils allaient au camp. Son enthousiasme déclinait. Elle approchait les onze ans, ses hanches la faisaient souffrir. Pour l'aider, il la portait dans ses bras lors des passages plus ardus, dans les pentes un peu raides. Il lui parlait doucement, gentiment, et si son âme d'adolescent ne s'était pas complètement flétrie, c'était grâce à elle.

Lorsqu'il l'avait retrouvée un soir au retour du collège, recroquevillée dans le sous-bois, dans sa bave et ses vomissures, son cœur avait coulé au fond de sa poitrine. À son départ au matin, elle ne semblait pas mal en point, peut-être un peu plus lente qu'à l'habitude, mais voilà qu'elle était figée et morte, et son regard opaque et desséché fixait le vide.

Il s'était vidé de ses larmes cette nuit-là, après l'avoir enterrée.

S'il n'avait jamais su de quoi elle était décédée au juste, il avait toujours soupçonné un empoisonnement. C'était impossible à prouver, à moins d'une autopsie chez un vétérinaire, mais Martin ne pouvait s'offrir ce luxe. Bien sûr, il avait douté de Richard. Comment faire autrement? Il savait de quoi il était capable, il avait déjà frappé Nelly aussi. La chienne l'avait rejeté d'instinct, elle grondait en sa présence, lorsqu'il s'approchait d'elle. Elle l'évitait. Richard en était venu à la détester autant qu'il pouvait détester son beau-fils. Martin ne pouvait s'enlever de la tête l'idée que Richard était derrière la mort de son chien. Sa haine grandissait.

Elle allait atteindre son point culminant dans les mois à venir.

Jane demande ce qui est arrivé à Richard.

Thomas se racle la gorge.

— Eileen m'a dit que Richard était mort dans un accident de chasse.

Martin se tourne vers lui.

— Ce n'était pas un accident, dit-il.

Il ferme les yeux un instant avant de poursuivre. Ce pont qu'il doit traverser, franchir.

— On était en novembre 1985. J'avais dix-sept ans. Depuis la mort de Nelly, je traînais pas mal, je buvais, je me droguais, je me foutais de tout. J'étais rarement à la maison, je dormais à gauche, à droite, chez une petite amie ou un copain, peu m'importait, je m'arrangeais comme je pouvais. Je voyais bien que ça n'allait pas, je cherchais à reprendre pied. Je ne pouvais pas continuer de cette façon. J'allais me tuer si je poursuivais dans cette voie, j'avais encore un certain degré de conscience malgré tout. J'ai pensé m'enrôler dans l'armée, j'avais l'impression que ce serait une bonne manière de me remettre d'aplomb. C'était une idée comme une autre. J'ai laissé tomber l'alcool, la dope, j'ai commencé à me remettre en forme. Je m'entraînais avec les moyens du bord, je nageais, je courais. Je ne savais pas trop comment m'y prendre, mais si j'étais pour entrer dans les forces armées, je n'avais pas envie d'être une moitié d'homme. Je me concentrais là-dessus. Je me suis donné un but. J'avais un objectif. Un soir, je suis passé ici, à la maison, pour me changer ou ramasser des vêtements, je ne me rappelle plus la raison au juste. La voiture d'Eileen était là, mais pas la camionnette de Richard. Il semblait n'y avoir personne. Peut-être qu'ils sont sortis, j'ai pensé. Tant mieux. Mais en entrant, j'ai tout de suite vu que c'était le bordel dans la cuisine. Les couverts étaient renversés, il y avait de la vaisselle brisée par terre. Je l'ai ramassée. Il y avait du sang dans l'évier. J'ai trouvé Eileen dans la salle de bain. Elle était recroquevillée dans un coin, le visage enflé, ensanglanté, ses vêtements déchirés. Elle tremblait. Cette image-là me hante encore aujourd'hui. Il l'avait pratiquement défigurée.

Jane porte une main à sa bouche et Thomas serre son verre de whisky, il s'y agrippe.

— Je l'ai aidée à se relever, elle tenait à peine sur ses jambes. J'ai nettoyé son visage, sa joue droite était tuméfiée, sa lèvre fendue, c'était ma mère, elle pleurait en silence, refusant de me dire ce qui s'était passé. Naturellement, je savais de quoi il s'agissait. Je lui ai donné un calmant, je l'ai mise au lit pour qu'elle dorme. J'étais en colère. Non, en fait, ce n'était pas de la colère, c'était de la rage. Je m'en voulais de l'avoir laissée avec cette pourriture. C'est moi qui devais prendre les coups, pas elle. Pourquoi j'ai pensé qu'il serait au camp, je ne sais pas, une intuition. J'ai jeté un œil dans l'armoire à armes à feu, sa 308 n'y était pas, pas plus que son fusil de chasse. À ce moment, j'ai senti cette chose bouillir en moi, une fureur terrible, incontrôlable. J'aurais pu prendre une carabine, il y en avait, mais je n'en ai rien fait. J'ai attrapé une lampe de poche et je suis sorti dans la nuit. J'avais fait le chemin dans les bois tant de fois avec Nelly, je le connaissais par cœur, je n'aurais même pas eu besoin de m'éclairer. Je ne savais pas encore ce que j'allais faire quand je tomberais dessus. Je voulais lui faire payer, d'une façon ou d'une autre, ce qu'il m'avait infligé, ce qu'il venait d'infliger à Eileen. Je ne laisserais pas passer un truc pareil, je n'étais plus un gamin, je ne laisserais pas ma mère subir ce que j'avais subi durant tant d'années. Je ne voulais pas être ce genre d'homme. Je ne voulais pas être un lâche, je ne voulais plus. À l'approche du camp, j'ai éteint la lampe. La camionnette était bien là, il y avait un faible éclairage dans la cabane. Je me suis approché. Par la fenêtre, j'ai vu Richard affalé sur le divan défraîchi, une demi-douzaine de canettes de bière vides sur la table basse faite de caissons en bois, une bouteille de vodka coincée entre les cuisses. Je suis entré. Il était soûl, complètement ivre. Ivre au point de ne plus pouvoir se lever. La bouteille de vodka était aux trois quarts vide. La vieille radio diffusait en sourdine une muzak d'ascenseur déprimante. Je l'ai éteinte, je me suis avancé vers Richard. Il m'a regardé après un court effort de concentration, il n'a pas paru surpris de me voir. Il a grogné : « Qu'est-ce que tu fais là, toi ? » Je n'ai rien répondu. Il a cherché à s'allumer une cigarette, mais il n'y arrivait pas, ses gestes étaient lents, maladroits, lourds. J'en ai allumé une pour lui, la lui ai tendue. J'en ai pris une aussi. J'ai remis des morceaux de bois dans le poêle, puis je me suis assis sur la petite table, au milieu des canettes. On s'est fixés sans dire un mot tandis que je fumais ma clope. Au début, ce que je ressentais, c'était de la haine. Une haine profonde, viscérale. J'ai aperçu le fusil de chasse derrière lui, posé sur la table. Un 12 à pompe. Je n'avais qu'à me lever, le prendre, m'assurer qu'il était chargé, viser, tirer. Lui éclater la cervelle. En faire de la charpie. J'y ai pensé. Bon Dieu, oui. J'y ai pensé sérieusement. J'allais le faire, je crois, je m'apprêtais à me mettre debout, puis Richard a marmonné un truc incompréhensible. Ça m'a arrêté. « Quoi ? » j'ai demandé. Nouveau grognement. Il avait du mal à tenir ses yeux ouverts. Il a répété, mais je n'ai toujours pas compris ce qu'il disait. Il s'est mis à pleurer. La bave coulait au coin de sa bouche. Et soudain, j'ai eu pitié de lui. Ça semble absurde, mais c'est la vérité. J'ai réalisé à cet instant qu'il n'était rien. Qu'il ne valait rien. Je n'allais pas finir mes jours en prison à cause de ce salaud. Je me suis penché vers son visage, j'ai dit: « Plus jamais tu ne vas toucher à ma mère. Plus jamais. Tu m'entends? » Il a eu un sanglot, ses yeux se sont révulsés, il est tombé dans les vapes. J'étais prêt à le laisser là, comme ça, à retourner à la maison chercher Eileen, à l'éloigner, à l'emmener de force s'il le fallait. La cigarette de Richard se consumait toujours entre ses doigts. Elle est tombée, elle a roulé sur le sol. Et j'ai compris. J'ai compris que ce serait ça. C'est devenu clair, limpide dans mon esprit. Il n'y avait pas de discussion à y avoir, pas d'explication à donner. La cabane était de bois sec, inflammable, déjà le mégot noircissait le contreplaqué du plancher. Quelqu'un, je ne sais plus qui, a dit que le danger de chasser les monstres est d'en devenir un soi-même. Mais je n'ai pas réfléchi à ça. Le processus s'était enclenché, je ne reviendrais plus en arrière. J'irais jusqu'au bout. Ce que je voulais, c'était mettre un terme à des années de souffrance, d'humiliation, de peine, de colère, d'impuissance. De honte. Je voulais protéger Eileen, la libérer. Je voulais aussi me libérer. Je ne voyais pas d'autre issue possible. Même si on fuyait, il pourrait toujours nous rattraper. À partir de cet instant, je n'ai pas hésité. Je me suis arrangé pour accélérer la combustion avant de laisser le feu faire son œuvre, je me suis débrouillé pour qu'il prenne sans possibilité de s'éteindre. J'ai attendu un peu. Quand le plancher a commencé à flamber, je me suis dépêché de débrancher un des tuyaux de cuivre du propane. J'ai entendu un léger sifflement. Je suis sorti et j'ai bloqué la porte.

D'abord, il y avait eu de la fumée, beaucoup de fumée. Martin était resté en retrait à l'entrée du sentier. Il ne se souvient pas d'avoir entendu quoi que ce soit venant de l'intérieur de la cabane. Pas un cri. Pas même un râle. Richard, plongé dans un profond coma éthylique, s'était asphyxié sans reprendre connaissance.

WHOOSH ! La baraque s'était embrasée d'un coup avec la fuite de gaz. Martin avait senti la chaleur dans la nuit froide de novembre. Il avait tourné le dos à l'incendie, il était rentré à la maison en courant. L'explosion du réservoir de propane était venue après, alors qu'il était déjà loin. Une faible pluie s'était mise à tomber, une pluie se transformant plus tard en neige, la première de la saison.

Richard avait péri dans les flammes. Son cadavre calciné avait été retrouvé dans les décombres. Lors de l'enquête, rien de criminel n'avait été prouvé.

Alcool, cigarette, négligence.

Contre toute attente, Eileen avait été bouleversée. Son amour pour Richard paraissait impensable.

Malgré ce qu'elle avait enduré, il n'en demeurait pas moins réel. Ou alors était-ce une profonde dépendance. Pendant des mois, elle avait été à la limite de la catatonie. Elle avait erré dans son jardin. L'hiver avait été long, terne. Glacial. Elle semblait perdue, sans repères.

Martin ne pouvait comprendre ce qu'elle ressentait. Il aurait aimé parler, se confier à elle, il en était incapable. Eileen, sans connaître son implication, lui reprochait de paraître indifférent, presque satisfait. Il s'était fait à l'idée. Il ne dirait rien. Jamais. Ses secrets, il les garderait.

Entre eux, les mots sonnaient comme des coquilles vides.

Leurs blessures étaient de celles qui ne guérissent pas, ou mal.

Martin n'avait jamais parlé de cela à quiconque, mais dans ses livres, dans ses romans, le feu causait la mort, effaçant ainsi la trace des crimes commis.

C'était sa manière de s'auto-incriminer.

Toutes ses histoires racontaient les violences que l'on inflige ou que l'on supporte, les viols, les incendies. Les démembrements de l'âme.

La nuit où il avait tué Richard le hantait. Sans avertissement, il entendait parfois des cris lointains. Des cris n'ayant jamais existé.

Mais pourtant effrayants.

En tuant un monstre, il n'avait pas réalisé qu'il s'en rapprochait.

Le silence de l'aveu les plombe à présent tous les trois. Martin se sent épuisé. Vidé. Un poids est tombé de ses épaules.

Il ne demande pas à être pardonné. Ni absous. Ni rien. Il avait besoin de dire.

De retrouver un semblant de paix en lui-même.

Une dernière fois, il jette un regard en direction du lac, du grand pin secoué par les vents. L'ombre d'Eileen n'est pas là, bien sûr, ce n'était qu'une illusion. Comme Yourcenar à la fenêtre. Dans la lueur vacillante des lampes extérieures, il voit les crêtes blanches des vagues qui roulent dans la nuit.

Il entend le fracas des eaux du lac sur la grève.

Enfin, il se sent libéré.

Eileen semble au repos. On pourrait même dire qu'elle sourit. Martin demande à être un moment seul avec elle. On les laisse. Il pose une main sur les siennes, croisées sur sa poitrine. Sa peau est froide. Une seule vie et tant de choses qui restent en suspens. Comme un paquet d'étoiles dans le ciel. Il caresse son visage, ses longs cheveux gris noués en une tresse épaisse qui court sur son épaule droite. Son esprit est-il présent ou non ? Il ne peut pas dire. L'histoire des vingt et un grammes, c'est de la foutaise. L'âme est-elle réelle ? Comment savoir ? Il ferme les yeux. Il se revoit avec elle près de l'arbre, enfant. Elle lui joue dans les cheveux et il rit, Nelly est près d'eux et, maintenant, il souhaite que ce soit ça qui demeure, cette image, ce moment où rien d'autre n'a d'importance.

Faire la paix. Vouloir le bien. Être bon.

Voilà.

— *I love you, mommy,* dit-il en se penchant vers elle pour l'embrasser sur le front. *For everything we've lost, now I can find you.* Pour tout ce que nous avons perdu, je peux maintenant te retrouver. Au revoir, maman. Je t'aime.

La cérémonie a lieu à l'église près de l'école primaire où est allé Martin. Cette église où, après la mort de Richard, Eileen a chanté dans la chorale pendant de nombreuses années.

Thomas a réservé une salle pour la réception. Des amis sont là, des connaissances dont Martin a de vagues souvenirs. Élisabeth, Jules et Francis sont venus directement de Montréal, Maureen, Robert et Emma, de Quincy. Martin présente sa famille à Jane. Des gens viennent le voir, lui rapportent des souvenirs de sa mère, il les écoute poliment, en hochant la tête. Pendant un moment, il observe Jane et Élisabeth qui discutent ensemble. Jane le remarque et lui sourit. Il lui rend son sourire.

Alors que tout s'achève, Thomas s'approche de Martin et l'entraîne à l'écart.

— La maison te revient, tu sais? dit-il.

— Non, répond Martin. C'est à toi qu'elle revient, Tom. Ta vie est auprès d'Eileen. La mienne est ailleurs.

Thomas hoche la tête.

— Tu sais où ? demande-t-il.

Martin rit.

— Quelque part, mais ailleurs.

Les deux hommes se serrent dans leurs bras. Ils ne parlent pas de ce qui a été confié la veille. Thomas considère que ce n'est pas à lui de juger. Ce qui a été fait a été fait, rien n'y changera rien. Le bien et le mal s'entremêlent parfois, une danse étrange, incandescente. Être libre, en certaines occasions, peut aussi être un fardeau.

Le lendemain, de nouveau à l'aube, Jane et Martin reprennent la route vers le Maine. Les adieux ne s'éternisent pas. Cette fois, ils roulent sans musique. Jane semble distante. Martin comprend qu'il a peut-être brisé le fragile équilibre qui existait entre eux en avouant son crime. Il l'accepte. Il peut vivre avec ça même si ça fait mal, même si ce n'est pas son souhait. Pourtant, la frontière traversée, Jane reprend sa main et la serre entre ses doigts. On dirait qu'elle ne veut plus la lâcher. Elle commence à parler. C'est à son tour de se confier, dit-elle. Elle aussi a ses secrets. Ses douleurs enfouies. Elle parle de sa vie d'avant, une vie parfaite, lisse, tracée en ligne droite. Son enfance agréable au Colorado, en banlieue de Denver, ses parents, sa sœur, ses amies. Elle parle de ce garçon rencontré au collège, Michael, dont elle est tombée amoureuse. Un premier et unique amour. Elle raconte ce qu'ils ont fait ensemble, tout le plaisir qu'ils ont eu, elle rit et pleure à la fois, ces excursions, ces randonnées en montagne, ce mode de vie, leur passion commune pour l'aventure, le plein air, la nature qui les portait. Les rêves qu'ils ont commencé à construire. Le mariage, le travail, la maison. La famille qu'ils voulaient fonder. Elle ne demandait rien de compliqué, pas vrai ? Un bonheur simple. Elle est tombée enceinte. C'est ce qu'elle désirait le plus au monde. Sophia est née, adorable. Petite fille énergique, souriante, rieuse. La parfaite et idéale famille américaine, une véritable carte postale. C'est possible de vivre ainsi, non ? Sophia avait quatre ans quand Michael et elle sont partis pour une journée au zoo. Jane était restée à la maison. Elle avait des patients à voir à la clinique de physiothérapie. Ensuite, des courses à faire pour les vacances qui approchaient. Sophia et Michael ont quitté leur domicile le matin après un petit-déjeuner plein de rires et de câlins. Ils ne sont jamais revenus. On n'imagine pas cet instant où tout bascule. Cet instant qui précède l'effondrement de notre vie. Jane les avait embrassés et serrés dans ses bras pour la dernière fois, sans le savoir. On ne sait pas ces choses-là. Comment pourrait-on ? Il y a ce claquement de doigts qui bouleverse le fondement de notre existence, ce que l'on considère comme sa raison d'être. Jane a sombré. Violemment. Dépression. Surmédicamentation menant à la dépendance. L'alcool toutes les nuits, le sexe avec des inconnus dans des chambres, des endroits minables. Nuits de brouillard et d'avilissement. À moitié junkie, à moitié pute. Elle voulait mourir et c'était une façon de le faire. Ce n'était pas conscient, mais ses gestes, ses actions allaient en ce sens. On aurait très bien pu la retrouver assassinée dans un vieux lit sale, aux draps tachés de sperme, de sang et de brûlures de cigarette. Ça semblait inévitable. Elle n'était pas la femme forte qu'elle croyait. *I was not the strong woman that I thought.* C'est ce qu'elle dit. Elle ne possédait pas cette force-là. Qui donc la possède ? Elle s'est rendue à l'overdose. Des policiers l'ont découverte à moitié morte au volant de sa voiture, sérieusement intoxiquée. Elle a repris connaissance à l'hôpital, entourée de ses parents, de sa sœur. Elle était démunie, affaiblie, honteuse, mais il y avait une chose : elle avait eu peur. Elle se rappelait avoir senti la vie la quitter sous l'effet de la drogue et de l'alcool et s'être dit à cet instant qu'elle regrettait, qu'elle souhaitait vivre. Elle avait coulé dans le néant sans rien à quoi se raccrocher. Elle avait eu de la chance. À sa sortie de l'hôpital, elle a suivi une cure dans un établissement spécialisé pour lutter contre les dépendances, puis elle a repris le boulot à la clinique de physiothérapie. Elle s'est refaite tranquillement, un jour à la fois. En partie, la course à pied lui a apporté son salut. Elle s'y est lancée à corps perdu. Comme elle dormait peu, elle était debout aux petites heures, prête à s'entraîner. Elle sortait courir dans les rues de Castle Pines, où elle habitait. Elle augmentait les distances au gré de ses humeurs. Elle réalisait qu'en courant elle demeurait dans l'instant présent, elle arrivait à se libérer l'esprit, à accepter sa douleur, à faire le vide. Elle approchait bizarrement une sorte de transe, elle s'y sentait bien, en harmonie avec le monde qui l'entourait. Elle s'est d'abord inscrite à de petites compétitions locales. Le succès est venu et, vite, elle a décidé que sa vie pourrait être là. Elle a vendu ses possessions et investi dans une fourgonnette qu'elle a aménagée en campeur et c'est de cette façon qu'elle a choisi de poursuivre sa route. Sans attaches, sans attentes, vivant au jour le jour, se nourrissant de l'air du temps.

— *But you know*, il n'y a pas une journée sans que je pense à Michael et à ma fille. Je les aime encore autant. Parfois, ça me prend au cœur, ça me déchire à l'intérieur. Mais pour eux, j'ai un devoir, celui d'être heureuse. Et d'apprécier chaque moment, tu vois. Les regrets, Martin, sont un poison. Ils ne servent à rien, ils nous tuent à petit feu. *But we have to live.*

> « Dans la rosée blanche
> je m'exerce
> au paradis »
> Kobayashi Issa

À l'approche de Mount Desert Island, Jane demande à Martin d'aller au bord de l'océan. Il trouve un endroit tranquille où s'arrêter, éloigné du flot de touristes qui profitent des derniers beaux jours.

Des nuages couvrent par intermittence le ciel magnifique, le soleil encore à son apogée.

Ils marchent un moment sur une plage de galets.

Ils s'arrêtent, s'assoient sur une roche, demeurent là enlacés l'un à l'autre. Silencieux.

Les vagues viennent jusqu'à leurs pieds.

Le mouvement perpétuel de l'océan.

Le calme apaisant s'installe en eux.

Plus tard, au studio, ils feront furieusement l'amour. Rien d'autre n'aura d'importance, jamais ils ne se quitteront du regard, leurs rires se mêlant à leurs gémissements, leurs larmes à leur sueur. Ils seront captivés l'un et l'autre par leurs corps unis, soudés, comme s'ils n'en formaient qu'un seul. Le temps n'aura plus d'emprise, il sera arrêté, ils auront l'impression de revenir au monde une multitude de fois, portés par la beauté, la puissance inépuisable de leur désir.

Lovés, épuisés, ils finiront par s'endormir sans qu'un mot soit échangé.

Lorsque plus tard Martin ouvrira les yeux, Jane aura disparu.

> « There is a crack, a crack in everything
> that's how the light gets in »
> Leonard Cohen

Martin retourne à Petite Plaisance, la maison de Marguerite Yourcenar. Il y passe un long moment, appuyé contre la voiture, méditatif, curieux de ce qui l'attend maintenant. Une silhouette l'observe de la fenêtre à l'étage. Ça le fait sourire. Le temps est gris, les feuilles mortes tourbillonnent sur la chaussée. Il aurait pu abandonner l'idée de ce livre, mais non. Il va poursuivre. Il y mettra le temps qu'il faut. Il n'a plus envie de se battre contre ses démons, il n'a plus envie de se perdre dans sa propre noirceur.

Il se dit que ce roman sera l'histoire d'un homme qui rencontre une femme et que c'est cette femme qui le ramènera vers la lumière.

Elle sera Yourcenar ou elle ne sera pas, il n'en sait encore rien.

Deux ou trois grains de pluie tombent. Il remonte dans la voiture, retourne sans se presser vers le studio.

Il pense souvent à Eileen. Parfois même, il lui parle, lui raconte ses journées. Il se sent idiot, mais il préfère en rire.

Bien qu'il n'y croie pas vraiment, chaque nuit il scrute le ciel pour voir s'il n'y trouverait pas son étoile.

Il a l'étrange impression qu'il pourrait y arriver.

En relisant *Les Yeux ouverts*, entretiens entre Yourcenar et Matthieu Galey, il tombe sur ce passage : « Il faut peiner et lutter jusqu'au bout, nager dans la rivière en étant à la fois porté et emporté par elle, et accepter d'avance l'issue qui est de sombrer au large. Mais qui est-ce qui sombre ? Il suffit d'accepter les maux, les maladies des autres et les nôtres, la mort des autres et la sienne pour en faire une partie naturelle de la vie... La mort, suprême forme de la vie... Pour ma part, je crois que je souhaiterais mourir en pleine connaissance, avec un processus de maladie assez lent pour laisser en quelque sorte ma mort s'insérer en moi, pour avoir le temps de la laisser se développer tout entière. »

Mourir.

Il referme le livre. Dans les derniers jours, il a beaucoup songé à la mort. À sa propre finalité. Il sait bien qu'elle viendra. Il la prendra alors comme elle se présentera. Ces tempêtes qui soufflent en lui depuis longtemps, il ne les craint plus. Il n'a plus de temps pour ça. Avant tout, comme l'a dit Jane, il s'agit de vivre.

Il pense aussi à elle. Il espère qu'elle est bien, là où elle est. Il se demande même si elle a réellement existé ou si elle n'est que le fruit de son imagination. Pareil à cette femme qu'il aperçoit à la fenêtre de Petite Plaisance.

Il se demande s'il n'est pas un peu fou.

La nuit est là. Martin descend et sort de la grange pour scruter les étoiles.

Une fois de plus, il cherche Eileen. C'est devenu un rituel auquel il se livre chaque soir. Il y a quelque chose en cela qui le rassure, l'amuse presque.

Les yeux levés vers le ciel, il entend le bruit d'un moteur s'approcher sur Norway Drive, à une centaine de mètres derrière lui. Il tourne la tête, des phares l'illuminent, l'aveuglent en s'engageant sur le chemin de la grange.

La fourgonnette se stationne près de sa voiture.

Jane a passé des jours à faire le point, à se questionner, à peser le pour et le contre, à réfléchir. Qu'espérait-elle du temps qui lui serait accordé à partir de maintenant? Elle n'en avait aucune idée. Elle n'avait aucun contrôle sur les jours à venir, elle avait simplement le pouvoir de les rendre meilleurs. Elle s'est aussi longuement demandé si elle avait peur. Si oui, de quoi? Ces deux questions demeuraient sans réponses, mais elle n'en avait pas besoin. Peu importait de quelle façon elle tenterait de balancer les choses, elle savait une chose hors de tout doute : fuir ne menait nulle part.

Elle sort du véhicule, la portière claque dans la fraîcheur du soir, le moteur cliquette. Les étoiles, soudain, semblent briller d'un nouvel éclat.

Elle s'avance vers Martin, s'arrête à deux pas, penche doucement la tête sur le côté en replaçant une mèche de cheveux derrière son oreille. Elle sourit, radieuse.

— Veux-tu de moi ? demande-t-elle.
— Oui, répond-il. Absolument.

Mount Desert Island, octobre 2022,
Îles-de-la-Madeleine, mai 2023.

👁 Restez à l'affût des titres à paraître chez
Libre Expression en suivant Groupe Librex :
facebook.com/groupelibrex

Cet ouvrage a été composé en ITC New Baskerville 11,85/16
et achevé d'imprimer en novembre 2023 sur les presses
de Marquis imprimeur, Québec, Canada.

Imprimé sur du papier contenant 100% de fibres recyclées durables,
fabriqué avec un procédé sans chlore et à partir d'énergie biogaz.